ÉTAT MORAL, PHYSIQUE ET POLITIQUE DE LA MAISON DE SAVOIE;

On y a joint une esquisse des Portraits de la Maison régnante.

« Les *Grands* ont fait le *déficit*, qu'ils y
» remédient ! »

A PARIS,

Chez Buisson, Imprimeur-Libraire, rue Hautefeuille, n° 20.

(1791.)

PRÉFACE

CE n'eſt point ici l'Ouvrage d'un critique, qui ne cherche à démontrer les abus que pour inſulter à ceux qui en jouiſſent, comme à ceux qui en ſont victimes ; j'écris pour corriger ce qui eſt mal, & non pour avoir le plaiſir d'en parler.

Savoiſiens, Sardes & Piémontois, je vais vous peindre aux yeux de l'univers ; je dirai tout, & ne ménagerai aucune claſſe de la Nation ; mais celle qu'on appelle encore *Peuple* parmi vous eſt aſſurée de paroître ici avec un grand avantage. Ne vous allarmez point de voir un ſimple Citoyen se transporter dans le palais de vos Rois, y épier les démarches des Ministres & les rendre publiques. Nous ne sommes plus dans ces siècles de barbarie où la Cour étoit tout & la Nation rien.

On ne manquera pas de dire que cet Ouvrage est rempli de faussetés; les Agens du Pouvoir Suprême feront sur-tout beaucoup d'efforts pour le rendre suspect, si toutefois ils ne viennent pas à bout d'en empêcher la publication. Cet injuste acharnement que le despotisme met à tenir ses esclaves dans l'ignorance, prouve qu'il écoute rarement la loi; mais cette Politique atroce doit engager une Nation à franchir les bornes qu'on lui oppoſé. Il faut avoir le courage de s'inſtruire. Épier & juger les Valets d'un Roi, ce n'eſt pas manquer de reſpect au Monarque.

Qu'y a-t-il, en effet, de plus aviliſſant pour une Nation que de voir quelques êtres privilégiés abuſer chaque jour de la vie & de la fortune d'un million d'hommes? Qu'y a-t-il de plus ſtupide que de ſe priver, ſelon le caprice d'un ſeul homme, de tout le fruit de ſes fatigues & de ſes ſueurs?

Cependant je ſuis loin de chercher à renverſer les uſages établis; vouloir les détruire tous, ce ſeroit vouloir détruire la Société. En faiſant le tableau de ce qui ſe paſſe à Turin par rapport à la Sardaigne

& à Chambéry, je ne cacherai pas le mal, mais je montrerai le bien où il eſt; & tout en rappellant les devoirs des ſoi-diſans *Grands*, je parlerai de ceux des Citoyens avec la même franchiſe.

Sujets à la plus rigoureuſe inquiſition, les Habitans du Piémont, de la Savoie, de Nice & de Sardaigne, n'oſeront peut-être pas porter leurs regards ſur l'état où ſe trouvent les affaires du Royaume. Il eſt cependant de leur intérêt de ne pas reſter dans cette apathie humiliante où ils sont tenus depuis long-temps. Celui qui paie l'*écot* doit au moins ſavoir ce qui s'eſt ſervi ſur la table.

La *Maiſon de Savoie*, dont j'entreprends de décrire l'*état*, trouvera peut-être mauvais que je rende ſon adminiſtration publique. Il eſt pourtant vrai qu'un bon Adminiſtrateur ne peut que gagner à être connu ; il n'eſt pas moins vrai que, ſi l'Adminiſtrateur ſe trouvoit en défaut, ce ſeroit lui rendre ſervice que de le ramener dans le bon chemin.

Cet Écrit, qui doit éclairer une Nation, pourra bien être arraché des mains de ceux à qui je le deſtine. Les vils Agens que j'y dévoile pourront bien le livrer aux flammes ; mais ces foibles & iniques reſſources ne tiendront pas leur turpitude inconnue pour toujours. Si les Dieux, qui voient tous les crimes, paroiſſent quelquefois les laiſſer impunis, ne nous y donner des instructions à cette Nation sur une feuille volante, ou dans une simple lettre. Quelque petit que soit ce volume, il offre tant de réflexions, tant d'observations faciles à commenter, qu'il deviendra, j'ose l'espérer, très-volumineux pour le lecteur.

La table qu'on trouve à la fin du livre explique le sujet de chaque paragraphe ; elle présente surtout de grands sujets de méditation.

J'eusse desiré donner plus de force à mes tableaux ; mais je me suis plus attaché à peindre la vérité qu'à donner des graces à mon style. Il suffit, je pense, de parler raison pour instruire les Hommes.

ÉTAT

ÉTAT MORAL, PHYSIQUE ET POLITIQUE DE LA MAISON DE SAVOIE.

PREMIÈRE PARTIE.

CHAPITRE PREMIER.

État Moral.

§. I. QUOIQUE les états du roi de Sardaigne ne soient pas d'une bien vaste étendue, il n'est cependant pas aisé de peindre le caractère de ses sujets. Cette nation est composée de quatre peuples différens, qui sont les *Sardes*, les habitans de *Nice*, les *Piémontois*, & les *Savoisiens* ou *Savoyards*. Je ne parlerai point des sujets que sa majesté a en *Chypre* & à *Jérusalem*; car leur existence, leurs finances, leur dépendance même sont encore un des grands secrets du cabinet de Turin.

J'ai visité le Piémont, la Sardaigne, Nice & la Savoie. J'ai par-tout trouvé un peuple qui n'est point ce qu'il pourroit être : l'un est victime de la superstition & du fanatisme ; l'autre l'est de la misère que la cour y entretient à grands frais ; tous le sont d'une administration vicieuse.

Ce qu'il y a de singulier, c'est que ces peuples connoissent leur servitude, & ne songent pas même à en arrêter les progrès. Les Piémontois ne doutent pas de l'énormité des impôts dont on les a surchargés peu-à-peu ; et cependant la recette s'y fait sans bruit. Les Savoisiens sont assurés qu'on ne les entretient dans la misère que par politique ; & malgré cela, ces bons & fidèles sujets s'expatrient chaque année pour aller chercher de l'argent chez l'étranger ; & pour venir ensuite le mettre dans les mains d'un trésorier royal.

Tel eſt le pouvoir de l'éducation ; un animal qu'on habitue à la charge finit par porter un énorme fardeau qui l'auroit renverſé ſans doute, ſi on eût commencé par celui-là.

Pour mettre de l'ordre dans cet ouvrage, je vais parler de chaque gouvernement en particulier, c'eſt-à-dire, donner l'état moral de la Savoie, celui du Piémont, &c. Si, dans ce chapitre, je m'étends peu ſur quelques articles, c'eſt que j'aurai été forcé d'en parler dans d'autres chapitres. Ainſi, on trouvera dans l'état phyſique ou dans le politique ce qui ſemblera avoir été omis dans l'état moral. J'aurois deſiré mettre plus d'ordre dans cet écrit ; mais celui qui a le déſordre à peindre peut-il ſe ſoumettre à des règles ?

§. II. La *Savoie* eſt un pays aſſez peuplé ; car on trouve des Savoiſiens dans toutes les grandes & petites villes de l'Europe. Ce peuple, qui paroît n'avoir pas de bras dans ſa patrie, eſt un des plus industrieux qu'on connoisse dès qu'il est hors de chez lui.

Avili depuis long-temps sous le joug piémontois, le Savoisien n'est plus ce qu'il fut autrefois ; il semble qu'une longue fréquentation avec les ultramontains lui ait fait perdre un peu de sa franchise & de son courage ; mais ce qui est à remarquer, c'est que ce peuple n'a rien perdu de sa douceur ni de sa bonté ; car, voisin des Suisses & des François, il a toujours le gouvernement de ces nations sous les yeux, & se laisse, malgré cela, dégrader par des châtimens humilians, par des estrapades, des seps & des coups de bâton.

§. III. Le Piémont est très-riche & très-peuplé. Les prêtres & les grands y sont respectés, au point que ces deux ordres sont tout, & le peuple n'est rien.

Le caractère national du Piémontois est assez connu, sans que je doive entrer dans quelques détails à ce sujet ; je dois cependant avouer que tous les vices qu'on reproche à cette nation tiennent moins à ce qu'on y appelle le peuple qu'aux autres classes de la nation. Les grands y sont orgueilleux, ignorans, avares, faux & cruels. S'il se commet quelques assassinats dans ce pays-là, ce sont le plus souvent des misérables qui, pour un peu d'argent, se chargent de la vengeance des riches. Le paysan & l'ouvrier piémontois ne voyagent point; ce n'est donc qu'à la classe qui voyage que cette nation doit la mauvaise réputation qu'elle a dans l'étranger.

§. IV. L'habitant de Nice est comme le Savoisien, esclave du Piémont. Ainsi on ne pourra juger son caractère national que lorsqu'il sera libre.

§. V. Le Sarde est un peuple qui tient un peu du Corse & beaucoup de l'Espagnol. Il en coûte considérablement au roi de Sardaigne pour maintenir cette île dans la captivité. Ces insulaires sont, malgré tous leurs vieux préjugés, très-bons soldats; mais ils ſont comme les Niçois & les Savoiſiens, les ſerfs d'une infinité de Viſirs Piémontois.

§. VI. Voici l'état moral qu'il importe le plus de publier; c'eſt celui de la cour; c'eſt celui des grands ſeigneurs de l'état piémontois; c'eſt celui du gouvernement.

La maiſon de Savoie, c'eſt-à-dire, les rois de Sardaigne & les princes de ſa cour ſont mi-Savoiſiens, mi-Sardes, mi-Piémontois. On imagine d'avance qu'un caractère formé des vices de trois nations ne doit être qu'un bien chétif caractère. Mais les deſpotes n'ont pas beſoin de vertus; ainſi ne nous arrêtons pas aux réflexions....

Le roi de Turin eſt maître abſolu, ou du moins ſes miniſtres le lui font croire; ſa volonté eſt la ſeule loi du pays qu'il gouverne. C'eſt lui qui nomme à tous les emplois; il fait les gouverneurs, les miniſtres, les magiſtrats, les évêques, les curés, les ſyndics de communautés, les professeurs des collèges & les académiciens. On est tout par son *bon plaisir*; mais on ne l'est que pendant que son plaisir dure.

Il semble après cela que si le hasard mettoit un bon prince sur le trône, les sujets d'un tel monarque seroient fort heureux; mais ne nous y trompons pas, on ne lui laisse les honneurs d'un despotisme absolu qu'autant que les grands seigneurs du Piémont y trouvent leurs intérêts. Je doute que les jours d'un souverain intègre fussent de bien longue durée sur ce trône.

Habitué à avoir la gloire universelle des signatures, le roi s'en tient à cet honneur, sans se mêler, comme on dit, des affaires. Il paie une foule de secrétaires pour lui ôter la peine de rien voir par lui-même. La seule chose qu'il aime à prendre sur lui, c'est la nomination & le choix de ses premiers valets. Il lui arrive quelquefois de créer vingt *gentilshommes de la chambre* dans une semaine.

Le prince régnant, Victor Amédée III, auroit de très-bonnes qualités s'il n'étoit que père de famille ; mais il eſt roi, & ſa bonté ne ſauroit lui tenir lieu de toutes les vertus. Son père, Charles Emmanuel, l'éloigna trop des affaires pendant ſon règne : il l'abandonna de bonne heure à des imbécilles qui s'étoient mis dans la tête d'en faire un militaire ; & puis vint ſon mariage avec une Eſpagnole qui en fit un prince orgueilleux & prodigue. On jugera de la foibleſſe & de la légéreté de ſon caractère, quand on ſaura que ce prince trouva les coffres pleins à la mort de ſon père, qu'il ne devoit rien alors, & que maintenant il doit de l'argent à toutes les républiques & à la nation. Son déficit eſt énorme, quoiqu'il ait toujours été en paix.

Le défaut de ce monarque eſt de trop aimer le militaire ; ſur vingt millions qu'il a de rente (1), le bureau de la guerre en

(1) On compte mal-à-propos vingt-cinq millions de rente au roi de Sardaigne ; il faut déjà que la barre du preſſoir ſoit bien forte, & vigoureuſement conduite pour qu'on arrive à vingt, ainſi qu'on le démontrera dans le compte rendu, *ſeconde partie.*

abſorbe quatorze, & cela ſans avoir plus de ſoldats que n'en avoit ſon père.

Il a à ſa ſolde des généraux & des officiers pour faire manœuvrer une armée de cent mille ſoldats; il n'en a cependant que vingt mille tout au plus; car il a des régimens où il n'y a que les officiers qui ſoient ſur pied (1).

Malgré le monſtrueux *déficit* de la cour de Turin, on y fait des traitemens aux officiers dès qu'ils ont quarante ans, ou dès qu'ils gênent quelques jeunes pages qu'on veut mener rapidement à la place de colonel. On donne de bonnes penſions pour ne pas révolter la nation contre une telle manœuvre; on diſtribue des croix; on invente des uniformes brillans; on triple les places de commandans, & l'on jette les honneurs & les penſions comme si l'un ne coûtoit pas plus que l'autre.

---

(1) La légion à cheval eſt composée de cent cinquante officiers; il ne manque plus pour la completter que les ſoldats & les chevaux. *Voyez le tableau militaire, ſeconde partie.*

Il eſt aiſé de voir qu'un ſouverain qui, ſur vingt millions de rente, en dépenſe quatorze pour un ſeul bureau, doit contracter des dettes chaque année; car il lui reſte à payer le bureau des affaires étrangères, celui des affaires internes & celui de la dépenſe de ſa cour. Tout cela ne peut ſe faire avec ſix millions, ſur-tout dans un pays où la politique & une vicieuſe adminiſtration exigent qu'on ſalarie une immenſe quantité d'eſpions.

La religion dominante eſt la catholique; on ne le croiroit pourtant pas, en voyant comme le peuple y eſt traité; car, outre le déficit, ce qu'il y a de plus cruel, c'eſt que les peines les plus infamantes ſe diſtribuent auſſi généreuſement aux pauvres gens que les honneurs aux riches. On a tous les jours, à la garde montante, le ſpectacle d'un ſoldat qui donne des coups de bâton, à la volonté d'un officier qui eſt tout-à-la-fois magiſtrat & homme de guerre, & qui malheureuſement ne s'entend pas plus à l'un qu'à l'autre.

Tous les tribunaux, car il y en a beaucoup, ſont toujours d'accord pour faire le mal; mais ils ſont ſourds aux cris des opprimés. Il eſt défendu, *de par le roi*, au ſénat, à la maiſon de ville, aux juges-mages, aux avocats, &c. de relever une injuſtice d'un commandant militaire ou d'un juge de police, quelqu'apparente que ſoit l'iniquité. Quand un officier fait une ſottiſe, il court dire à ſon maître qu'il l'a faite en ſon nom; & comme le roi ne veut point de remontrances, on confirme d'abord la ſottiſe. Ainſi le roi ſe croit maître; ainſi vont & doivent aller les choſes ſous un prince foible.

Les grands de la cour abuſent du ſouverain & de la juſtice, au point que les plus hautes charges de magiſtrature n'ont aucune force. Il y a un chancelier à Turin; hé bien, cette place eſt *ad honores*; cet être, important par-tout ailleurs, ne fait & ne peut rien dans les états du roi de Sardaigne. Cette place ſert ordinairement de retraite à un miniſtre que la cabale renverſe, ſans vouloir cependant l'écraſer. Elle n'a été, depuis trente ou quarante ans, occupée que par des vieillards réduits dans un état d'enfance ou de décrépitude.

Il en eſt à-peu-près de même pour les charges de premier préſident dans les divers ſénats du Piémont, Nice & Savoie. Ces meſſieurs ſont ordinairement de vieux invalides preſque tous vendus à l'ariſtocratie des ſeigneurs piémontois.

Un citoyen n'auroit pas beau jeu de plaider contre un grand; il ſeroit sûr de perdre ſa cauſe ou de n'en jamais voir la fin. Les exemples de cette nature ne me manqueroient pas ſi je voulois fatiguer le lecteur par de ſemblables citations.

Le roi de Sardaigne ne vend, il eſt vrai, aucun emploi; mais ſes ſujets ſe les vendent entr'eux; ils ſont toujours le lot de celui qui paroît le plus propre à ſervir les caprices des miniſtres régnans. Cela ſe démontre par la biſarrerie des déplacemens qui ont lieu tous les jours. Il n'eſt pas rare de voir un intendant devenir préſident, un sénateur devènir maître-d'hôtel du roi, un commis de bureau prendre l'habit d'avocat-général, & un scribe des archives passer aux honneurs du ministère de la guerre. L'échelle qui conduit aux grandeurs est la même ; les militaires, les abbés, les avocats courent tous les uns après les autres pour arriver au grade de chancelier.

On admet la roture au concours, ou plutôt à l'aventure de toutes les places, parce que dans cette classe le souverain & ses premiers agens sont plus sûrs de trouver des créatures faciles à mouler à leur caprice.

Quelque ridicules que soient de telles administrations, le Piémont n'y trouve point à redire, parce que c'est lui qui fournit les *visirs* en Savoie, à Nice & en Sardaigne. C'est une politique rèçue à la cour de Turin, que les intendans, les sénateurs, les juges-mages, les gouverneurs & même les *sbires* partent tous du Piémont pour aller régir le Sarde & le Savoisien (1).

(1) La place d'exécuteur de la haute-justice

Il y a bien quelques Savoiſiens qui parviennent à des places importantes ; mais cela n'arrive que lorſqu'un miniſtre a beſoin d'un être nul dans un bureau qui pourroit contrarier ſes vues. Quand le procureur du roi eſt Savoiſien, les autres miniſtres ſont aſſurés de le mener où ils voudront. Il faudroit qu'un magiſtrat, qui ſe regarde comme étranger dans une ville, fût bien dupe d'eſſayer d'y jouer l'important. J'ai connu quelques Savoyards bien placés à Turin ; mais ils étoient tous Piémontois ou feignoient de l'être. C'eſt une conſéquence bien naturelle de la loi du plus fort.

Après cet apperçu des principes de la cour de Turin, on ſe fera facilement une juſte idée des vices d'adminiſtration qui fourmillent dans ce pays-là ; cependant tout y eſt caché ſous des dehors de juſtice, de combinaiſon & d'économie.

---

ne ſe donne même qu'à un Piémontois ; il eſt vrai que c'eſt la ſeule qui ne leur ſoit pas diſputée.

Le roi donne audience à tous ſes ſujets indiſtinctement ; il ſemble d'abord que ce moyen dût ramener l'ordre dans ſes états, & s'oppoſer aux cabales de ſes agens ; mais ne nous y trompons point, ces audiences ne ſont qu'un ſimple ſimulacre de juſtice ; elles ſont toujours inutiles à l'opprimé ; car le roi dit ſouvent *oui*, & ſes miniſtres écrivent & ſoutiennent *non*. J'ai vu un miniſtre recevoir chez lui un homme qui avoit la parole du roi pour une place qui lui étoit due ; j'ai vu, dis-je, ce miniſtre renvoyer avec dureté le prétendant, & lui dire ironiquement que *le roi étoit une excellente protection, & qu'il le félicitoit de l'avoir obtenue ; mais qu'il pouvoit être aſſuré de n'avoir jamais la place...* O rois ! ô ſultans ! que faites-vous de votre ſceptre ? frappez-en ces vils agens qui vous déshonorent, & venez vivre avec votre peuple ! Outre l'ardeur des miniſtres à faire le contraire de ce que décide ſa majeſté dans les audiences, il faut obſerver que nul homme n'y eſt admis qu'après avoir préalablement inſtruit le gentilhomme de la chambre du motif de ſa viſite. S'il arrivoit qu'on le trompât, comme cela ſe peut, on eſt aſſuré d'avoir toujours le deſſous dans ſon projet, & de ne jamais obtenir d'audience; on eſt inſcrit ſur les livres des valets de la cour, & il n'y a plus ni juſtice ni raiſon qui puiſſe porter de nouveau la vérité au pied du trône.

Le pouvoir de ceux qui entourent le ſouverain eſt tel, que les princes royaux même ne peuvent rien à la cour. On déjoue leurs deſſeins, on ballotte leurs protégés; & l'amitié d'un valet-de-chambre vaut mille fois mieux, & ſe recherche davantage.

Malgré la modicité de ſes revenus, la cour de Turin étale un luxe pompeux. Elle dépenſe conſidérablement en muſiciens, en chanteurs, danſeurs, &c.; c'eſt vraiment un grand mérite dans ce pays-là que d'être hiſtrion. Le roi eſt à la tête de ſon théâtre & de ſa chapelle, comme des autres adminiſtrations. C'eſt toujours

de

de *par le roi* qu'un poëte fait de méchans vers à un opéra ; c'eſt de *par le roi* qu'on le met en muſique ; c'eſt encore de *par le roi* qu'on en régale le public qui, quoiqu'il ait payé à la porte du théâtre, n'a la permiſſion ni de ſiffler ni d'applaudir.

Les princes du ſang ne ſont pas libres d'aller au théâtre lorſqu'ils en ont envie ; il leur faut un ordre de ſa majeſté ou de ſes agens. Les valets de cour ont un privilège contraire ; ils y vont tous les jours & ſans payer.

Les prérogatives des princes m'ont un peu égaré de mon ſujet ; mais j'y reviens. Il ſemble, diſois-je il n'y a qu'un inſtant, que les états du roi de Sardaigne ſoient gouvernés par la juſtice & l'économie. On le croiroit, ſur-tout en jettant les yeux ſur les volumes des *royales conſtitutions*. Ce code paroît veiller à la ſûreté des biens & de la perſonne des citoyens ; il ſemble ſervir de remède à la rapacité des ſangſues qui pompent le fruit des travaux du peuple, pour les porter dans la bourſe du monarque. Eh bien, ce code eſt nul pour la juſtice ; le roi s'eſt réſervé le droit d'y déroger quand bon lui ſemble, & il le fait tous les jours en faveur de ſes créatures. Une loi n'eſt plus loi dès qu'elle change, s'annulle & s'interprète à la volonté d'un homme (1).

Selon les royales conſtitutions, que le roi fait publier, imprimer & vendre à ſon profit (2), il faut qu'un citoyen accuſé d'un délit ſoit confronté avec ſon accuſateur ; il lui eſt permis de prendre un avocat pour ſe défendre, & il doit être jugé par des gens de loi. Malgré l'exiſtence & la ſageſſe de ce paragraphe des conſtitutions, on voit tous les jours un officier faire bâtonner, par caprice & ſur ſon ſimple vou-

---

(1) Voyez la ſeconde partie de cet ouvrage.

(2) C'eſt un bureau qui vend le livre des conſtitutions ; & comme beaucoup de gens en ont beſoin, c'eſt un impôt de plus ſur la nation ; car ce livre, qui vaut tout au plus cinq livres, ſe vend douze livres de *par le roi.*

loir, un citoyen qui, la veille, ne lui aura pas ôté son chapeau, ou qui aura refusé de lui livrer sa femme. O rois! où est votre justice! O sujets, où est le courage!.... Sa majesté déroge à ses constitutions dans les points les moins équivoques, & qui frappent le plus les droits de la justice. Le roi casse ou donne force à un acte de notaire suivant sa volonté; un testament, une vente, un bail, ne sont bons & solides qu'autant qu'un des contractans ne recourt pas en cour, ou n'a pas assez de protection pour tromper son adversaire ou son associé.

Pour mieux encore se jouer de la justice & des tribunaux, la cour a trouvé un moyen non moins odieux de faire juger les procès suivant son caprice. Lorsque l'un des plaideurs craint que la justice n'éclaire sa cause, il recourt au roi, demande une *délégation* & l'obtient. Par cette voie d'autorité royale, le sénat ne se mêle plus de cette affaire en corps; le roi nomme un juge pour en connoître &

la déterminer. Je n'ai pas besoin de démontrer les maux qui peuvent résulter d'un moyen aussi inique : voilà où conduisent la bonté des peuples & l'orgueil des souverains !....

Je n'aurois jamais fini si je voulois parcourir tous les abus qui résultent du despotisme de la cour de Turin. J'en dirai cependant assez pour éclairer les provinces qui gémissent sous le joug ; puissent mes réflexions ramener la justice & l'humanité dans le cœur des grands ! puisse ce tableau montrer aux petits qu'ils ne le sont que par foiblesse ou par habitude !

Par les sages institutions, dont on voit encore des traces dans les états des rois de Sardaigne, on convient qu'ils n'ont pas tous été cruels ni ignorans. On y trouve beaucoup de collèges, des pensions gratuites & autres fondations utiles ; mais la politique & l'avarice italienne ont fini par changer le but & le mode de ces institutions : c'est ordinairement une pépinière d'espions ; c'est là qu'on élève de méchans perſonnages qui ſeront, ſuivant leurs inclinations, intendans ou ſénateurs à la ſolde du ſultan.

Il y a auſſi un collège à Turin deſtiné pour les nobles peu fortunés. Il y a une autre penſion pour les nobles, qu'on appelle l'académie, & dans laquelle on étudie tout-à-la-fois la théologie, la muſique, le droit, la danſe & l'art militaire.

Outre ces collèges, il y a à Turin une univerſité royale où des profeſſeurs enſeignent les ſciences de *par le roi*, & où les élèves ne ſont encore admis que de la *même part*.

Mais je n'ai rien trouvé d'auſſi ridiculement *royal* dans ce pays-là que l'académie des ſciences. Les brevets des membres de ce corps ſont conçus comme ceux des délégués d'une province; on y lit qu'ils ont du mérite, que le fauteuil académique en eſt le prix. Cela va bien juſques-là; mais ce qui ſurprend, c'eſt que la patente d'un ſavant ſoit auſſi fixée, quant à la durée, au *bon plaiſir* du roi, & qu'elle finiſſe par ces mots augustes, *tant que durera notre bon plaisir*. Peut-on donner à des gens d'esprit des brevets qui en contiennent si peu ?....

Il semble qu'on prenne à tâche, dans ce pays-là, de rendre ridicules toutes les patentes qui sortent des bureaux. J'ai vu un Piémontois qui avoit passé sa vie à la tête des finances royales, recevoir sa retraite : hé bien, le souverain crut devoir ne pas laisser ignorer à la postérité qu'il avoit connu cet homme ; il lui donna, avec six mille livres de pension, une patente où il déclaroit qu'il l'avoit toujours regardé comme un imbécille & un frippon. Comment un souverain ose-t-il avouer à la nation qu'il s'est servi pendant quarante ans d'un frippon pour agent ? comment ose-t-il le pensionner ? & comment a-t-il assez peu de majesté pour en faire une plaisanterie (1) ?

Ce que je viens de dire suffit certaine-

---

(1) Cette patente a été signée & délivrée, il y a deux ans, à l'ex-intendant *Vata*.

ment pour donner une idée de l'état moral de la maison de Savoie ; mais passons à d'autres objets, & voyons la cour de Turin sous tous ses points de vue.

CHAPITRE II.

Etat Physique.

§. I. Les possessions de la maison de Savoie sont l'île de Sardaigne, la principauté de Piémont, le comté de Nice & le duché de Savoie. Il seroit inutile que je m'arrêtasse à la description topographique & minutieuse d'un pays aussi connu que celui-là.

Il suffit, dans un ouvrage de la nature de celui-ci, que je donne l'état des finances, que je publie la forme du gouvernement, & que je démontre que ce royaume est bien près de sa ruine, si on n'y apporte de prompts remèdes.

§. II. La Savoie paie trois millions d'impôts au ſouverain ; n'eſt-il pas étonnant qu'un pays qui a la réputation d'être auſſi pauvre faſſe à la cour un cadeau ſi conſidérable ?

Pour ſe procurer ces trois millions *de quintaux de ſueurs*, les Savoiſiens vont puiſer dans la bourſe des Genevois, & s'expatrient la moitié de l'année.

En reconnoiſſance de leurs ſoins à ramaſſer l'argent de l'étranger pour l'envoyer en Piémont, le ſouverain leur députe une foule de viſirs ultramontains qui joignent encore à la taxe énorme du maître les vexations les plus iniques. Le Savoiſien eſt regardé par le Piémontois comme le chrétien l'eſt par la ſecte de Mahomet ; on le bat, on le pille, & l'on s'en fait gloire.

Un cabinet politique eſt toujours en œuvre à Turin pour ſavoir comme on ruinera la Savoie, comme on y anéantira toute émulation, comme on pourra enfin y lever un nouvel impôt. Il me ſemble voir ces commiſſaires politiques dire gravement à ſa majeſté : --- « Sire, ne croyez pas à la plupart de ces livres qu'on publie ſur l'adminiſtration d'un état. Pour raiſonner juſte ſur l'art de régner, il faudroit avoir été roi, & il n'y a point de doute que ceux qui écrivent n'ont jamais fait le métier. L'art de régner conſiſte à être maître, comme la condition des ſujets conſiſte à être eſclaves ; mais, ſire, il faut obſerver que vos eſclaves ſe diviſent en deux claſſes, & c'eſt ce qui ſoutient votre trône ; il y a la claſſe des eſclaves opprimans, & celle des opprimés. Vous devez à la première de ces claſſes la ceſſion d'une partie de votre pouvoir, pour la dédommager des peines qu'elle ſe donne pour accabler l'autre. Gardez-vous de jamais croire à ces miſérables ſuppliques que vous fait paſſer le peuple ; quand on paie un conſeil, ce n'eſt pas, ſire, pour recevoir des remontrances du premier venu. Ne vous laiſſez pas tenter par des projets d'économie, le faſte ſoutient la majeſté du trône; un roi, n'en doutez pas, ſeroit bien peu de choſe ſans l'or qui le couvre; c'eſt à tort qu'on pourroit vous dire qu'à force de puiſer à une ſource on doit craindre de la tarir. Ce propos n'eſt ni d'un guerrier ni d'un politique; car avec des troupes ne met-on pas autant d'impôts qu'on veut, & avec des impôts n'entretient-on pas toutes les troupes qu'on deſire?..... Il faut donc que votre majeſté faſſe paſſer beaucoup de régimens en Savoie pour ſoutenir les édits de vos adminiſtrateurs des finances. Il faut ſur-tout vous oppoſer, dans ces momens de criſe, à ces émigrations des montagnards. Ils auront beau vouloir vous repréſenter qu'ils ſortent pour aller chercher du pain & de l'argent; défaite que tout cela; qu'ils reſtent chez eux, qu'ils y vivent ſobrement; & s'ils n'ont point d'occupation, qu'ils s'amuſent à faire l'exercice; car il n'y a rien d'auſſi joli qu'une nation dont les trois-quarts ſont ſoldats; l'agriculture n'y perd rien, comme quelques auteurs veulent le dire: nous ſavons poſitivement qu'un terrein long-temps reposé n'en est que plus fertile. Point de fabriques en Savoie; car si ce peuple avoit des ressources, il se croiroit bientôt autant que nous ».

Quelque ridicules que paroissent ces conseils, il est probable qu'on les donne au souverain; car il n'est que trop vrai qu'on les suit mot-à-mot. Le Piémont ne laisse absolument aucune ressource à la Savoie : on n'y permet aucune université, & cela pour attirer encore une grosse partie de ses fortunes à Turin. Toutes les places y sont occupées par des Piémontois; il est même étonnant que le conseil ne fasse pas signer au roi un édit par lequel il sera dorénavant ordonné aux pères & mères d'envoyer nourrir leurs enfans en Piémont. Un tel édit auroit été bien utile dans ces momens-ci; car il est fâcheux pour les agens du despotisme que les Savoisiens sachent lire les livres françois; ç'eût été un coup bien politique de ne leur laisser parler depuis cinq ou six ans que le patois piémontois.

Quoiqu'entourée de gouvernemens justes & humains, la Savoie est menée avec une verge de fer. Son sénat n'est plus qu'une ombre de justice ; il fléchit depuis long-temps le genou devant les agens de la tyrannie. Cet *ex-sénat* laisse les citoyens exposés aux coups de l'officier le plus étourdi. On mutile le peuple à coups de bâton sous les yeux de tous les interprêtes de la loi.... O Piémont ! si l'on jugeoit de tous tes habitans par ceux que tu députes en Savoie, on pourroit bien dire à l'univers que tu n'es peuplé que de bêtes féroces ! mais la barbarie ne t'appartient pas plus qu'aux autres peuples ; ce sont tes soi-disans grands, ce sont tes *excellences* qui déshonorent l'humanité, & qui rendent le nom de Piémontois odieux à tout l'univers !....

Le peuple Savoisien n'a aucun représentant, aucun intermédiaire entre lui & la tyrannie. Le roi y tient beaucoup de troupes pour y servir l'orgueil & le faste de son grand visir ; & ce qu'il y a de plus impolitique, c'eſt qu'une partie de ſes troupes eſt à cheval. Tout le monde ſait que la Savoie eſt un pays de montagnes, que conſéquemment la cavalerie y eſt nulle, à moins que ce ne ſoit pour avoir le plaiſir d'augmenter la dette de l'état, en achetant chaque année beaucoup de chevaux chez l'étranger. Sous le roi Charles, père du régnant, la Savoie ſe gardoit elle-même; ce ſouverain n'eut jamais à s'en plaindre; il ſavoit qu'il ètoit injuſte de multiplier les dépenſes de l'état, auſſi ce bon roi ne laiſſa-t-il point de dettes. On trouva ſes coffres pleins; mais cette vieille méthode ne fut pas du goût du ſucceſſeur. Que fais-tu, Victor? ne vois-tu pas que tes agens trompent ta religion? où te conduira leur méthode oppreſſive? à ruiner ceux qui furent tes premiers ſujets, à les forcer de déſerter leur patrie, & d'aller même, par préférence, demander aſyle au grand Turc....! n'écoute pas ceux qui te diſent que les Savoiſiens ſont rebelles à la voix de leur ſouverain; interroge, avant de les juger, l'hiſtoire de tes ancêtres ; tu y verras la Savoie verſer ſon ſang pour eux & pour l'agrandiſſement de l'empire ; tu y apprendras qu'ils ne ſe ſont jamais découragés de défricher un ſol ingrat pour en porter le fruit dans les mains de leurs monarques. Lis, chaſſe tes adulateurs, & n'écoute que la religion & la bonté de ton ame .....

La poſition de la Savoie n'exige certainement pas qu'on y faſſe paſſer une quantité de troupes, puiſqu'elles y ſeroient inutiles en cas d'attaque. Elle a toujours appartenu au premier qui s'eſt préſenté. Il eſt vrai que la cour a maintenant des raiſons pour former un cordon autour de ce pays-là ; elle craint la communication avec les François qui ne calculent que trop bien ſur la liberté. Mais à quoi ſerviront quelques ſatellites ? ne ſeront-ils pas eux-mêmes les porteurs des journaux patriotiques, ſi le peuple veut augmenter leur petit ſalaire ? Le Piémont doit craindre, au contraire, qu'en envoyant des ſoldats ſi près de la France, ils n'y prennent auſſi le goût de la liberté, & se dégoûtent des coups de bâton & de l'état humiliant dans lequel les tiennent leurs officiers.

Le résultat de l'état physique de la Savoie, est qu'elle paie trois millions d'impôts & qu'elle n'a rien. Elle est gouvernée par des militaires qui portent la loi au bout de leur canne; elle sent toute sa misère, & commence à s'en lasser. Enfin elle est ou aux portes de sa ruine, ou bien près de son triomphe.

La Savoie a plus de quatre cent mille habitans; n'en mettons que quatre-vingt mille dans le cas de porter les armes. Joignons à ces quatre-vingt mille baïonnettes les montagnes, les rochers, les torrens qui la défendent, & voyons si un bacha doit y être long-temps cruel impunément.

§. III. L'île de Sardaigne ne produit guères au trésor royal que trois cent & quelques mille livres. Le produit des impôts dont elle est chargée monte sans doute plus haut; mais le plus considérable ſe dépenſe en *inſtrumens*, en reſſorts vexatoires. Cette île pourroit fournir quantité de grains ; mais le cabinet politique de Turin eſt d'avis que le pain ne doit jamais être à bon marché dans un pays où l'on veut entretenir le peuple dans la plus étroite dépendance.

Il y a quelques ports en Sardaigne dont on pourroit ſans doute tirer parti ; ſi on ne le fait pas, c'eſt apparemment parce que la cour de Turin n'a pas de goût pour la marine. C'eſt à tort qu'on l'accuſa, dans un journal, d'avoir deux frégates ; elle entretient, habille & nourrit des officiers de marine ; cela, je penſe, doit ſuffire.

Les Sardes ont, comme les Savoiſiens, le plaiſir de voir ſouvent des Piémontois. Le gouvernement, le ſénat, leurs univerſités ne ſont jamais régis par des inſulaires. Le vice-roi y a droit de vie & de mort ſans rendre compte ni à la cour de Turin, ni au ſénat de Sardaigne ; l'éternel même n'auroit probablement rien à y voir. Honoré d'un département auſſi étendu & auſſi

critique,

critique, ce vice-roi eſt pourtant toujours un officier qui n'a jamais lu ni loix ni conſtitutions....... Comment ſe trouve-t-il des êtres aſſez ſottement orgueilleux pour ſe croire en état de pouvoir occuper de telles places? comment un ſouverain oſe-t-il faire ſi peu de cas d'un peuple qui fait ſa fortune & ſa gloire? ou plutôt comment une nation ſe laiſſe-t-elle rabaiſſer à ce degré de honte & d'aviliſſement ?....

Cette île de Sardaigne, celle qui donne à ſon maître le titre de roi, eſt aſſez mépriſée par la cour de Turin pour qu'on en faſſe un lieu d'exil ouvert à tous les mauvais ſujets des autres poſſeſſions du ſouverain. Ce ſont le plus ſouvent des bannis qui occupent les emplois en Sardaigne; & cette île eſt en partie gardée par deux régimens dont les officiers & ſoldats ont été condamnés au ſervice par punition (1).

Pour maintenir ce peuple ſous le joug,

(1) Ces deux régimens ſont les *dragons de Sardaigne* & les *Compagnies Franches.*

on l'entretient dans l'ignorance & la superſtition. On y laiſſe ſubſiſter les uſages les plus ridicules ; quand, par exemple, une femme meurt, ſon époux la fait placer toute habillée ſur un lit ; les parens viennent enſuite interroger la défunte ſur les raiſons qui ont pu la déterminer à quitter le monde. On lui demande à haute voix ſi ſon mari agiſſoit mal avec elle, s'il lui manquoit quelque choſe.... Après ces queſtions trois fois répétées, un aſſiſtant écrit que la femme n'a fait aucune plainte contre le mari ; & celui-ci reçoit ſolemnellement des complimens ſur ſa conduite, avec la permiſſion de faire enterrer ſa femme.

Après cette citation, il n'eſt pas étonnant que le peuple ſarde ſoit ſi éloigné des mœurs de la nation Corſe, ſa voiſine..... Hélas, cette île infortunée n'eſt pas encore à la veille d'ouvrir les yeux à la lumière !

§. IV. La richeſſe du Piémont & ſon étendue ſont connues ; c'eſt une des plus belles contrées de l'Europe.

Le peuple idolâtre les princes & les grands ſeigneurs ; on n'entend à chaque pas que les titres d'*excellences*, de *chevaliers*, d'*alteſſe* & de *monſeigneur.*

On ne voit dans ce pays-là que des abbés, des moines & des pénitens (1). Tous les carrefours ſont garnis de petites chapelles, & n'en ſont cependant pas moins dangereux la nuit.

La nation piémontoiſe peut ſe diviſer en trois claſſes : les *grands*, les *bourgeois*, &, comme on dit à Turin, les *petites gens.* La claſſe des bourgeois eſt très-inſtruite, ſur-tout à Turin; mais les grands ſeigneurs ſont trop orgueilleux pour étudier, & trop ignorans pour s'appercevoir qu'ils ne ſavent rien.

---

(1) Ceci, dira-t-on, devoit avoir ſa place dans l'*état moral*, & non dans celui-ci ; mais, je l'ai dit plus haut, comment ſuivre un ordre, quand on a le déſordre à peindre ? De plus, je pourrois encore me juſtifier en prouvant que le ſujet eſt très-*immoral*, & conſéquemment tient beaucoup au phyſique.

Le clergé n'y compte guère que pour le ſpirituel ; comme la nobleſſe il paie des impôts, & ſupporte les charges de l'état avec le peuple.

Ce pays eſt cruellement impoſé ; & ce qu'il y a de plus merveilleux, c'eſt que les impôts s'y lèvent à la ſeule volonté du ſouverain. Un intendant n'a beſoin que d'un billet du roi pour doubler la taille ; les ſénats n'ont rien à y voir, & la nation paie ſans ſavoir pourquoi.

Turin eſt, comme l'étoit Paris il y a quelques années, ſujet aux droits d'entrée, à l'induſtrie, à la capitation, &c. : il eſt vrai que tout cela ſe paie ſous un autre nom. Les provinces ſont ſur-tout ſujettes à un droit bien vexatoire ; outre la taxe miſe ſur les vers-à-ſoie, il faut qu'un particulier qui fait tondre ſes mûriers paie cinq ſols par pied d'arbre lorſqu'on peut en cueillir la feuille. N'eſt-ce pas là un vrai moyen d'encourager l'induſtrie ?... Quand on paie un énorme impôt territorial, faut-il encore acheter la récolte des arbres ?

Il y a à Turin un hôtel des monnoies; mais le roi a jugé à-propos de lui donner un ſuppléant. C'eſt une fabrique de billets qui, au ſortir de la main des ouvriers, valent, de *par le roi*, la ſomme de cent livres; d'autres n'en valent que cinquante.

Ces billets ſont payables au porteur. Ce ſont vraiment des effets miraculeux; car ils ont toujours cours, malgré leur hypothèque romaneſque. C'eſt avec cet *argent-papier* qu'on voile un peu le déficit; mais un voile qui n'eſt que de papier eſt bien près de montrer ce qu'il cache.

Le Piémontois a la fureur des loteries; auſſi le roi ne refuſe-t-il rien à ce ſujet. Outre celle qu'il fait tirer à ſon compte, ce prince catholique permet à ſes moines d'en publier de temps à autre à ſix livres le billet; & l'avarice ou la dévotion ſont de ſi grands moteurs dans ce pays-là, qu'un couvent de religieux ne met pas huit jours à accaparer quatre-vingt ou cent mille liv. Ce ſont des petits impôts mis ſur la nation pour réparer les cuiſines, les égliſes & les réfectoires.

Passons à l'objet qu'il intéresse le plus de connoître ; voyons la cour, ses adulateurs & ses victimes.

(J'ai mes raisons pour appeller tout cela *physique*.)

Le luxe de la cour est considérable. Les charges de valet ne s'y achètent point ; mais si j'avois un conseil à donner au roi, je lui dirois de recourir à cette ressource pour lui aider à remplir son *déficit*. Voici un plan que je lui communique *gratis*, & qui n'en est pas moins bon.

Projet présenté au Roi Sarde pour combler dans peu son déficit.

Après avoir abusé de la bonté de votte nation, il faut, sire, mettre à profit son orgueil & sa crédulité. Convaincus des privilèges que vous donnez à vos gens de cour & aux militaires, vos sujets n'ont sans doute rien de plus à desirer que la possession de l'une ou l'autre de ces charges. Proposez donc aux Piémontois nobles ou roturiers l'entrée à ces emplois, moyennant une ſomme que vous fixerez, *ſelon votre bon plaiſir*. Ne craignez pas d'y mettre un prix fort haut ; car, que ne donneroit-on pas pour avoir le droit de vexer, de piller, de donner du pied par le cul à la *populace* ? Et vous le ſavez, ſire, c'eſt le privilège excluſif de vos valets nobles & des officiers de vos troupes.

Quelque extravagant que ſemble ce projet, je ſuis aſſuré qu'il feroit fortune. C'eſt, en effet, une ſi belle choſe que d'être attaché à cette cour, ou d'être officier de l'armée ! Ces meſſieurs n'ont, par-deſſus toute gratification, aucun combat à craindre. Le ſang des officiers eſt ſi précieux dans ce pays-là, qu'un homme battu ou inſulté qui leur propoſeroit un duel ſeroit perdu ſans reſſource. Ils ſont eux-mêmes ſi perſuadés du prix de leurs perſonnes, qu'ils ne ſe battent jamais entr'eux.

Après ces réflexions, je n'ai pas beſoin de dire que les autres claſſes de la nation ſont avilies ; elles ne le méritent cependant pas ; car ſi elles ont des défauts, elles ne les tiennent que de la claſſe dominante. Ce ſont les grands qui entretiennent dans le peuple cette haine qu'il porte à tous ceux qui ne parlent pas le piémontois ; ce ſont les grands qui laiſſent ſubſiſter cette infame coutume d'abattre ſon ennemi de nuit & par-derrière ; ce ſont les grands qui dégoûtent les ouvriers de voyager, & d'aller voir des *hommes* dans l'étranger ; ce ſont, enfin, les grands qui ſont eux ſeuls ce qu'on appelle *Piémontois*.

Pourquoi, en effet, accuſeroit-on d'ignorance ou de barbarie le malheureux qui eſt condamné à des travaux continuels ? peut-il avoir d'autre talent que celui de l'imitation ? & comment un villageois aura-t-il des mœurs ſi on ne lui en donne jamais l'exemple ?

Vils adulateurs de cour ! parcourez vos poſſeſſions ; fréquentez vos fermiers ; ſoyez humains avec eux ; ne leur montrez pas vous-mêmes l'uſage d'une arme meurtrière ;

adouciſſez leur caractère par vos diſcours!

Et vous, miniſtres de l'évangile! refuſez tout aſyle aux aſſaſſins ; parlez toujours de paix & non pas de vengeance ; inſpirez à vos paroiſſiens les vertus qu'a prêchées le Chriſt; montrez-vous, enfin, dignes de votre miniſtère ; ennobliſſez-vous ; ennobliſſez l'homme dont l'éducation vous fut confiée par l'éternel !.....

Revenons aux richeſſes du Piémont. Le roi a, comme je l'ai dit, vingt millions de rente. Il en dépenſe quatorze pour ſes officiers. Les ſix qui reſtent ne pouvant payer les autres dépenſes de l'état, on fabrique chaque année des billets. Il y en a déjà pour plus de quarante millions (1). Ah! ſi les banquiers s'aviſoient un jour de les refuſer, cela feroit une belle ſcène à Turin ; & puis les marchands courroient à la caiſſe royale ; & puis cette

(1) Ces objets ſeront exactement détaillés dans le *compte rendu* qui ſe trouve dans la ſeconde partie de cet ouvrage.

caiſſe qui ſeroit vuide ; & puis le peuple qui aime l'argent ; & puis la colère ; & puis la force......

Quoique ce déficit, joint aux dettes contractées par la cour à Genève, Gènes, & en Hollande ; quoique, dis-je, ce déficit paroiſſe peu de choſe, il faut obſerver qu'il eſt de grande conſéquence pour un roi qui n'a point de reſſources, & qui a déjà multiplié les impôts. Ce qu'il y a de remarquable, c'eſt que ce déficit s'eſt formé tout en grapillant ſur les biens du clergé ; car le ſouverain ſupprime chaque année des couvens & des abbayes : cela ſe fait ſans objet de ſoulagement pour la nation, comme ſans but de payer les dettes.

Le déſordre, dit-on, amène l'ordre ; en ce cas-là le Piémont eſt bien proche de ſa régénération. Nous allons voir dans l'état politique ſur quelles reſſources compte le ſouverain pour maſquer encore ſon déficit, & fermer les yeux à ſes peuples.

O vous ! qui êtes encore les idoles de vos ſujets, princes de la maiſon de Savoie, ne ſoyez plus ſourds aux cris de la vérité! Les intérêts du peuple ſont les vôtres, ceſſez de les en ſéparer. Où vous conduira cette méthode oppreſſive que vos ſtupides & cruels courtiſans vous font adopter? En ſerez-vous plus grands quand vous régnerez ſur des cadavres & des terres ſtériles? Eſt-ce avec des canons & des édits vexatoires qu'on rendit jamais un pays fertile? O princes! ſi vous vous croyez des dieux ſur la terre, faites comme l'éternel, ne vous y montrez au moins que pour faire le bien!

Et vous, maſſes d'orgueil & de férocité! vous que la naiſſance & la condition ſemblent mettre au-deſſus de l'humanité, que faites-vous? Seriez-vous aſſez ſtupides pour vous croire immortels.....? Eh bien, détrompez-vous! le temps aiguiſe ſa faulx; vos tombes ſont prêtes, & déjà le peuple ſe réjouit de votre mort! Si près du tombeau (1), comment oſez-vous tromper

(1) Il eſt bien étonnant que tous les conſeillers des rois étant preſque vieux & décrépits, les ma-

votre maître? Pourquoi lui donnez-vous de si éloquentes leçons de tyrannie? Les princes sont bons, ne changez pas leurs inclinations; entretenez-les souvent de la misère de leur peuple, de la morale de l'évangile, & de la nécessité de mourir.

CHAPITRE III.

Etat Politique.

§. I. LE cabinet de Turin a long-temps joui d'une considération politique; le roi

---

jestés en reçoivent des conseils pervers & inhumains. A quoi sert donc la religion? à quoi servent les prêtres? pourquoi ne parle-t-on pas à ces gens-là comme on parleroit à un paysan? Je suis persuadé que si les prêtres faisoient leur métier sans respect humain, les vieux courtisans ne feroient pas si tranquilles sur l'avenir; mais on leur promet probablement un ordre du roi pour leur faciliter le passage de l'éternité.

Charles Emmanuel & ſon prédéceſſeur tirèrent ſouvent très-bon parti de la ſituation de leurs poſſeſſions. L'hiſtoire des guerres de la maiſon de Bourbon & de la maiſon d'Autriche nous a tranſmis différens traits de la politique, ou plutôt de la ruſe des princes de Piémont; ils ont toujours ſu mettre à profit les rochers du mont Cénis, & y faire payer le péage aux généraux qui vouloient le traverſer. Il faut cependant avouer que, malgré la ruſe italienne, cette cour n'a pas toujours ſu profiter des circonſtances. Elle s'eſt plus d'une fois trompée dans ſes combinaiſons ; & toute l'Europe ſait que le grand-père du roi régnant paia ſa politique un peu cher.

Quoique ce royaume ne ſoit pas actuellement bien grand, il s'eſt ſans ceſſe agrandi par des ſervices rendus ou à la France, ou à l'empire. Il ſeroit inutile d'entrer dans de plus longs détails ſur les temps paſſés ; le but de cet ouvrage eſt de parler de la politique actuelle de l'état de Sardaigne. Ainſi, ſans nous arrêter à condamner ou à juſtifier les règnes passés, peignons le règne présent, & démontrons que *Victor Amédée III* auroit eu besoin, dans ces circonstances, d'avoir la finesse de son grand-père & le talent de son père.

§. II. Toute la politique actuelle de la cour de Turin consiste à tirer tout le parti possible de la république de Gènes & de celle de Genève. Elle s'occupe, par orgueil, à stipendier beaucoup trop des ambassadeurs dans les cours étrangères. Elle s'opiniâtre mal-à-propos à prendre de travers, & contre ses intérêts, la révolution des François.

Résumons les occupations politiques de cette cour, & voyons où elles vont la conduire. Nous démontrerons dans le paragraphe suivant ce qu'elle auroit dû faire, & quel seroit l'avantage qu'elle en retireroit.

La conduite du roi Sarde, ou plutôt de ses ministres, avec la république de Gènes est des plus gauches. On encourage chaque année quelques misérables Piémontois à ſe faire inſulter par des Génois ; il en réſulte des voies de fait ; vient enſuite le réſident ſarde qui ſe plaint ; la république en lève les épaules ; le cabinet de Turin s'agite ; on aſſemble des congrès, & toutes ces manœuvres finiſſent par propoſer un emprunt à ſon excellence monſieur le doge.

On voudroit à-peu-près faire les mêmes eſpiégleries à Genève ; mais les Savoiſiens, qui ſont à la porte de cette république, ne ſe prêtent pas auſſi facilement que les Piémontois à de telles manœuvres. Le réſident ſarde, n'ayant point à ſe plaindre, ſe contente de voir les banquiers Génevois, de parler d'affaires, & d'y faire des propoſitions marchandes.

Des combinaiſons de cette nature ne combleront jamais le monſtrueux *déficit* de la cour. Tous ces petits & miſérables emprunts ne feront qu'augmenter la dette.

Les ambaſſadeurs, leurs élégantes voitures, leur table ſomptueuſe, leurs régimens de laquais, ſont peut-être un objet de néceſſité pour les deſpotes. Cela étant, il faudroit, en payant de tels obſervateurs, ſe paſſer au moins de ſolder encore une groſſe quantité d'autres obſervateurs en ſous-ordre. Les rois ont donc une bien mauvaiſe opinion d'eux-mêmes, s'ils ſe croient forcés de ſoudoyer des légions d'eſpions dans tous les pays (1).

Ne pourroit-on pas auſſi demander à la cour de Turin ce qu'elle fait de ces *conſuls* qu'elle tient à *Calais*, à *Meſſine*, à *Maroc*, à *Trieſte* & ailleurs ? eſt-ce pour veiller à la ſûreté de ſon commerce maritime ?...... eſt-ce pour faire reſpecter ſon pavillon

---

(1) On a bien crié en France contre le fameux *livre rouge*. Les Piémontois l'ont eux-mêmes trouvé ſcandaleux ; eh bien ! meſſieurs du Piémont, de Savoie & de Sardaigne, apprenez que votre cour a auſſi ſon *livre rouge*. Il eſt vrai qu'on n'y trouvera pas des millions pour la galanterie ; mais on y lira de fortes penſions pour des emprunts en Hollande ; on y verra des frais énormes de tranſports pour des priſonniers d'état ; enfin, à quelques crimes près, on y verra ceux qu'on a vus ailleurs...... *Voyez la ſeconde partie.*

pavillon dans tous les coins du monde?.... L'Europe sait bien que la Sardaigne est une île, & que *Nice* est un port de mer; mais elle sait aussi que les ducs de Savoie n'ont point de marine. Personne n'ignore que le cabinet de Turin n'a rien à faire avec l'empereur de Maroc.

C'est ainsi que les états se ruinent par des besoins politiques ou plutôt imaginaires. Il faut cependant avouer que depuis que la cour sent qu'elle n'a plus d'argent, elle ne pensionne plus aussi facilement son monde; elle s'acquitte maintenant avec ses gens par des titres de comte ou de marquis, & par des croix de Saint-Maurice, ou des clefs de cuivre pendues à leur poche.

L'ordre de Saint-Maurice est indistinctement la récompense du militaire & du robin, de l'ambassadeur & du financier; il y a même des enfans qui l'apportent en venant au monde. Tantôt il faut être d'ancienne noblesse pour porter cette croix; tantôt il suffit d'avoir négocié un emprunt pour en être décoré. On aſſure même qu'elle a ſervi plus d'une fois de ſalaire à cette claſſe mépriſable d'hommes qui n'ont d'autre état que celui d'épier les démarches des autres. Une prodigalité auſſi mal entendue diminue chaque jour la vénération qu'on avoit pour l'ordre de Saint-Maurice, auſſi commun à Turin que celui de Saint-Jean de Latran à Rome ; les ſeigneurs piémontois ne le recherchent plus.

Par cette obſervation, on voit un apperçu des déſordres que le beſoin d'argent peut amener dans une cour ; mais ces déſordres ne ſont rien en proportion de ceux que cauſe un *déficit* complet & connu.

Sans nous livrer aux réflexions, demandons au cabinet de Turin ſi c'eſt par politique qu'on laiſſe ſubſiſter tant de places inutiles, & qui coûtent ſi gros à l'état ? ſi c'eſt par politique qu'on entretient parmi les nobles ce droit de primogéniture qui fait ſept à huit pauvres par famille, dont la cour eſt enſuite obligée de prendre ſoin, & qu'elle penſionne dans des régimens ?

ſi c'eſt par politique qu'on ſolde tant d'officiers généraux & autres ? ſi c'eſt, enfin, par politique qu'on ſouffre que les ſoldats & leurs chefs reçoivent leur paie ſans jamais ſe livrer à l'étude de l'art militaire ? On deſireroit encore ſavoir ſi c'eſt par une politique charitable & bien entendue, que les Savoiſiens ne peuvent tirer du bled & du riz du Piémont ſans payer des droits conſidérables ?

Les temps futurs nous donneront ſans doute la ſolution de tous ces problêmes ; en étalant le *déficit*, ces réponſes confondront la morgue des adminiſtrateurs.

C'eſt en vain que les agens des malverſations croiroient ſuſpendre les cris de la vérité par des ſupplices, des exils ou des maiſons de force. De tels moyens préparent encore la *révolution* prochaine ; ils engagent à des dépenſes énormes, & amènent le dénouement au grand galop.

On ſera ſans doute ſurpris de m'entendre parler de maiſons de force, ou plutôt de priſons d'état dans un gouvernement auſſi ſage, auſſi catholique que celui de Sardaigne; mais c'eſt apparemment un attribut néceſſaire à la majeſté des rois. Le cabinet de Turin a auſſi ſon moule à lettres-de-cachet; il y a des baſtilles en Piémont & en Savoie; on y eſt enfermé ſans être entendu, & une femme ou un homme de cour y peuvent, comme on faiſoit jadis à Verſailles, précipiter le premier venu par la ſeule raiſon qu'il aura eu le malheur de leur déplaire.

Ce qu'on peut reprocher aux priſons d'état de Sardaigne de plus qu'à celles qui faiſoient la honte de la France, c'eſt que les priſonniers y ſont très-mal; elles offrent le tableau le plus révoltant du deſpotiſme & de la cruauté. On y périt de faim & de ſoif; on y eſt mal vêtu & mal couché; on peut dire enfin que le Turc & l'Algérien ſont des agneaux, ſi on les compare aux *nobles* & *papiſtes* geoliers de ſa majeſté Sarde.

Comment peut-on vivre dans un pays où tant de glaives ſont ſuſpendus ſur la tête des citoyens ? comment les magiſtrats, les gens de loi s'aviliſſent-ils au point de garder le ſilence lorſqu'on ouvre des priſons, lorſqu'on inflige les peines les plus cruelles ſans leur ordre ?.... comment un prince oſe-t-il oublier, par orgueil ou par foibleſſe, les loix de l'humanité, celles de la morale & celles de l'évangile ?.... comment, enfin, peut-on ſe flatter que de telles iniquités ſeront toujours impunies ?...

Tel eſt donc le but de la politique des cours ! Avilir le peuple & diviniſer les grands !....... Mais la raiſon & l'hiſtoire des empires ne démontrent-elles pas que c'eſt par les ſuites de cette même politique que l'Eternel venge les nations ? N'a-t-on pas toujours vu que les trônes ſe ſont écroulés dès que les rois ont diviſé leurs intérêts de ceux de leurs ſujets ?

Il réſulte des obſervations faites dans ce paragraphe, que la politique actuelle de la cour de Turin eſt contraire à ſon bonheur comme à celui de la nation. Elle ne peut plus eſpérer de vendre ſa protection ou le paſſage de ſes montagnes, comme elle le fit autrefois; car la France, en renonçant au droit de conquête, vient de lui enlever cette reſſource. Le cabinet de Turin ne peut avoir de conſiſtance politique qu'autant que l'empire & la France lui en donneroient par leur diviſion. En voyant les révolutions actuelles, on peut aſſurer que le roi de Sardaigne ſe trouveroit beaucoup mieux maintenant, s'il eût depuis quelques années plus ſongé à l'économie qu'à la politique.

Que lui ſervira-t-il, en effet, d'être ſtrictement au fait des intrigues des rois & des princes? Fixé dans ſon Piémont, il faudra qu'il ſoit tranquille ſpectateur du triomphe des plus adroits. Enſuite viendra ſon *déficit*, & tout après avoir bien gloſé ſur la banqueroute ſuppoſée de France, il il verra la ſienne ſe déclarer; & l'Europe en rira d'autant plus que ce *déficit* aura été creuſé en temps de paix, & ſous *une excellente adminiſtration*.

§. III. Ce n'est pas assez de montrer les maux d'un gouvernement, il faut encore montrer les ressources qui lui restent pour reprendre sa première splendeur.

Je demande pardon au cabinet Piémontois, mais je vais lui prouver que s'il eût su profiter de ces deux années dernières, il eût joué un rôle vraiment politique.

Lorsque la nation Françoise a secoué le joug de ses despotes (1), cela, je l'avoue, a dû choquer l'orgueil des maîtres de la terre; il a fallu pourtant se résigner. Le roi de Sardaigne a fait tout le contraire; il s'est, sans trop savoir pourquoi, déclaré l'ennemi de l'ordre qu'on établissoit en France; il a

(1) Le premier moteur de la révolution Françoise a été le *déficit*; c'est le gaspillage des agens, c'est l'insouciance du maître qui ont fait ouvrir les yeux au peuple. Voilà une leçon bien forte pour les princes qui, comme celui de France, ont aussi un *déficit*; mais apparemment que les gens qui sont rois *par la grace de Dieu* croient aussi payer leurs dettes par la même *grace*.

accordé la protection la plus marquée à tous les frippons que la justice populaire exiloit de Versailles & de Paris; il a ouvert sa maison, celles de ses sujets à ces hommes avides d'honneurs & de sang; à des lâches qui abandonnoient leur roi & leur patrie; il a accueilli un *Calonne*, un *Pelletier de Morfontaine*, un *Bonne-Savardin*, &c. Pourquoi a-t-il fait tout cela? c'est sans doute dans l'espérance de remettre ces fuyards dans leurs départemens primitifs, d'enchaîner de nouveau les François, & d'ôter par-là toute idée d'énergie & de liberté aux Sardes, aux habitans du Piémont & aux Savoisiens.

Au lieu de suivre un plan aussi impolitique, la cour de Turin devoit rester spectatrice des événemens, sans se déclarer ni pour la cocarde blanche, ni pour celle aux trois couleurs; elle devoit ne permettre dans ses états que la sienne propre. Elle pouvoit accorder asyle aux François, parce que l'hospitalité est un devoir; mais elle devoit en même-temps ne l'accorder qu'à la condition expresse qu'on n'en abuseroit point pour y tenir des congrès, pour y dresser des pièges au repos de l'empire François. Elle ne devoit point autoriser ses imprimeurs à publier des libelles contre la constitution; elle pouvoit défendre à son ambassadeur à Paris de se servir de son nom pour faire sortir du numéraire de France.

Cette conduite prudente, en lui attirant l'estime de la France, eût laissé au roi de Turin des moyens de punir ses voisins les Génois de leur arrogance. Comme il est toutes les années en dispute avec cette république, il eût pu, dans cette circonstance, lui livrer guerre ouverte & porter même son trône jusques dans la ville de Gênes. La France, qui peut seule protéger cette république, n'eût point arrêté les armes de Turin dans un moment où elle est occupée à s'organiser elle-même, & où elle auroit vu le roi de Sardaigne ne s'opposer point à la *constitution* françoise.

N'ayant point de soldats à faire passer

ſur les frontières de la France, le cabinet de Turin eût pu facilement faire trembler les Génois; mais en ſe déclarant pour les *Condé*, les *Rohan*, &c., il s'eſt ôté les moyens de répondre aux attaques ou aux inſultes de Gênes.

Je conçois qu'il ſeroit beaucoup plus avantageux pour le roi de Sardaigne de conquérir la France que la république de Gênes; mais les bombes, les canons, les troupes qu'il dépêche ſur les bords de la Savoie, auroient-elles pour but des idées auſſi extravagantes? Je ſuppoſe même la réuſſite d'une contre-révolution; le roi de France & ſon couſin Condé la paieroient-ils jamais par le démembrement de l'empire françois? Les ſouverains qui ſe ſeroient prêtés à cette manœuvre n'en recevroient tout au plus qu'un *bon* pour tirer de l'argent, au rétabliſſement des finances.

Après avoir démontré que la politique du cabinet de Turin lui a porté préjudice du côté de Gênes, je vais prouver que cette même conduite, à l'égard des François profcrits, lui a encore fait perdre la vénération des Piémontois & des autres fujets du roi de Sardaigne.

Cette foule d'émigrans, leurs propos, leurs projets; rendus publics & toujours nuls, n'ont pas manqué d'échauffer fur le mot de *liberté* les têtes à Turin, à Nice & à Chambéry. La curiofité une fois excitée, chacun a voulu s'inftruire fur une matière qui intéreffoit fi fort les gens du haut parage. On s'eft procuré les journaux; on a lu les droits de l'homme; on a médité fur les devoirs des peuples & des fouverains. Ainfi, de réflexions en réflexions, les fujets du roi de Sardaigne ont fenti qu'ils ne font pas libres, & que le *déficit* de leurs finances eft, proportion gardée, plus grand que ne l'étoit celui de France.

Maintenant, pour réparer cette fottife, on profcrit les journaux, les ouvrages patriotiques; on met des foldats fur pied; on diftribue des canons dans les provinces. Mais, je le demande à l'univers, font-ce là des moyens pour payer ses dettes? ....

Le seul moyen de réparer tant de faux pas, c'est de diminuer le nombre des troupes; c'est de rendre le peuple heureux; c'est enfin d'avouer le *déficit*. Si le roi de Sardaigne parle en père de famille, il verra bientôt ses enfans voler à son secours, offrir leur fortune, & sauver à leur premier agent de la honte d'une banqueroute.

On aura beau faire, on ne pourra empêcher les peuples de courir à la constitution françoise qu'en publiant par-tout son égale. Quelque respect qu'on ait pour les rois, la vie est si courte qu'on aimera mieux en jouir que la leur sacrifier.

Le mal n'est point à son comble; que le roi Sarde chérisse également tous ses sujets; qu'il n'humilie plus les Savoisiens ni les Sardes; qu'il ne laisse pas son sceptre dans les mains de tant de nobles ignorans & cruels, alors il verra tout son peuple bénir son règne, & n'en desirer que la continuation.

Je m'étendrois davantage ſur les reſſources qui reſtent au roi & à l'état, ſi ces objets ne devoient pas être traités dans le chapitre ſuivant. Pour ne paſſer ni pour royaliſte juré, ni pour démocrate outré, j'ai cru devoir expoſer ces reſſources dans diverſes adreſſes aux princes, aux nobles, au clergé & au peuple ; chacun en tirera parti ſuivant ſes intérêts. Je déclare que je n'ai d'autre motif en vue que le bien de l'humanité.

On ne me rendroit pas juſtice ſi l'on croyoit que je publie mes réflexions pour porter le flambeau de la diſcorde dans le Piémont, la Sardaigne & la Savoie ; c'eſt, au contraire, pour prévenir les malheurs que je les annonce ; je parle des devoirs des rois pour les engager à les remplir, & j'indique des loix aux peuples pour les lui rendre chères.

CHAPITRE IV.

AVIS POLITIQUES.

§. I. *Adresse au Roi de Sardaigne.*

SIRE,

LES plaintes de vos sujets ne sont point encore des reproches ; vous avez leur tendresse, leur respect & leur amitié. Ils connoissent votre bon cœur, & conséquemment n'imputent leur misère qu'aux agens qui abusent à leur égard de votre pouvoir.

Cette sublime constitution, qu'adopte l'empire françois, fait l'admiration & l'envie de votre peuple ; mais, sire, ne vous y trompez pas, il ne la chérit que parce qu'il est sûr que, comme lui, vous l'adoreriez dans votre justice.

On vous trompe, ſire, lorſqu'on vous dit que cette conſtitution donne tout aux peuples & rien aux ſouverains. Elle en fait au contraire de vrais monarques; elle leur rend l'amitié de leurs ſujets, en rendant les miniſtres reſponſables des déprédations, des crimes & des vexations; elle leur ôte l'inquiétude de veiller ſur la voracité des intendans; elle les met à l'abri d'être accuſés & punis du *déficit*; elle les laiſſe, enfin, libres de faire le bien, de ſoutenir la loi, & de faire briller la majeſté du trône.

Ceux qui diſent à votre majeſté que vous n'avez point, de compte à rendre de votre volonté ou de votre pouvoir oſeront-ils auſſi ſoutenir que Dieu même n'a aucune inſpection ſur les ſouverains? Sachez voir le but de leurs perfides manœuvres, c'eſt pour être quelque choſe qu'ils vous répètent ſans ceſſe que vous êtes tout & le peuple rien.

Pour être tout, vous devez, ſire, ne plus laiſſer dans vos états de claſſe privilégiée ; chassez ces grands qui n'ont d'autre occupation que celle de vous étourdir sur les grandeurs humaines ; ne voyez dans vos sujets que des hommes égaux que le mérite seul doit élever aux dignités.

Quelle est, en effet, votre vie ? n'êtes-vous pas victime d'un millier d'usages ridicules ? Toutes les heures du jour sont marquées pour vous comme pour l'esclave le plus à plaindre ; tantôt c'est le moment des signatures, tantôt celui des audiences, & toujours celui de la gêne & de l'habitude (1).

Si vos ministres ont mal conçu un projet, l'exécution n'en attire des reproches qu'à vous ; le peuple ne murmure que contre vous des maux que lui font vos *excellences.*

Avouez, sire, que vous payez bien cher le plaisir de faire croire que vous régnez ;

---

(1) Il est plaisant de voir qu'un roi qui se dit *maître* ne puisse aller ni à la chasse ni à la messe sans permission.

on ne vous laiſſe pas même le temps d'être père ; il faut aſſiſter à un congrès dans un inſtant où vous voudriez converſer avec vos enfans. Et puis, que faites-vous à ce congrès ? on y agite les intérêts de l'état par des *oui* & des *non* ; on vous tient deux heures à la gêne pour vous dire à la fin de la ſéance qu'il n'y a pas un ſol dans la caiſſe.

Ah ! ſire, rapprochez-vous davantage de votre peuple ; ne laiſſez pas tant d'excellences entre lui & vous ; viſitez les campagnes ; déguiſez-vous ; quittez votre appareil royal pour arracher la vérité de la bouche du pauvre ! Lorſque vous connoîtrez les maux de votre empire, confiez votre douleur & vos inquiétudes à la nation ; car la voix du peuple ne trompe perſonne, puiſqu'elle eſt la voix de Dieu.

Rendez la force à vos ſénats ; faites ſuivre & reſpecter la loi dans votre empire ; ne ſouffrez pas que l'épée de Mars & celle de Thémis ſoient dans la même main ; rappellez-vous que les hommes étant tous égaux aux yeux de l'éternel, vous ne devez pas permettre qu'on avilisse vos sujets par des bastonnades arbitrairement distribuées; ordonnez à vos officiers de regagner l'estime de leurs soldats & de la nation.

Sire, c'est à vos connoissances & à la bonté de votre caractère d'étendre ces réflexions, & d'en faire résulter le bonheur & le lustre de votre royaume. Si vous dédaignez ma voix, si vous méprisez mes conseils (1), je n'ai plus qu'à chercher d'autres moyens de ramener l'ordre sans vous importuner.

---

(1) Je n'ai pas le titre de conseiller du roi; c'est peut-être pour cela même que je puis vous donner de bons conseils. Ce qu'il y a de sûr, c'est que je ne suis pas guidé par l'intérêt, car je ne me nomme pas; je ne demande ni croix, ni pensions, ni places, ni honneurs..... Je vous invite, sire, à lire la seconde partie de ce livre; on vous y rend un compte exact de vos finances, on y examine vos loix, & vos agens y sont passés en revue.

§. II. *Adresse aux princes de la maison de Savoie.*

PRINCES,

L'ART de gouverner des états est si vaste & si étendu, que vous ne sauriez de trop bonne heure vous appliquer à cette étude. Vous vous attendez, peut-être, à vous reposer sur vos ministres des soins de l'empire; mais regardez autour de vous, lisez l'histoire des siècles passés, & voyez ce qui se passe en France.

Vous apprendrez que l'orgueil & l'ignorance des nobles ont diminué la majesté des rois, comme la rapacité des ministres en a diminué la force. Ayez le courage de veiller autour du trône; interrogez les ministres du roi; étudiez les loix de l'état, car elles vous intéresseront, ou comme sujets ou comme souverains. Lorsque vous aurez tout vu par vous-mêmes, vous n'oublierez sans doute aucun moyen pour prévenir les malheurs que doit entraîner une vicieuſe adminiſtration. Vous parlerez au roi de l'énorme *déficit* qui va bientôt paroître à découvert. Vous lui direz enfin que ce n'eſt ni l'injuſtice, ni l'oppreſſion qui ramènera l'abondance & la tranquillité dans ſes provinces. Faites-lui bien entrevoir les ſuites funeſtes du déſeſpoir d'une nation : enfin ne lui cachez rien de tout ce que pourra vous inſpirer l'amour du bien.

Les maux qu'on fait à l'état vous touchent de près ; car vous avez vu que c'eſt ſous le règne de Louis XVI qu'on a démandé le compte des dépenſes faites par les rois ſes prédéceſſeurs.

Vous n'avez point encore de torts envers la nation ; gardez-vous de vous en donner par votre indifférence ſur le gouvernement. Le ciel ne vous a pas placés ſi près du trône pour en laiſſer approcher tant de déprédateurs ; puiſque ce trône doit être votre bien, veillez du moins à ſa conſervation ; portez vos regards juſques dans ſes fondemens, de crainte qu'il ne s'écroule lorſque vous ſerez appellés pour y monter...

Montrez les Piémontois, les Savoiſiens, & les Sardes comme égaux en droits; qu'on ne ſe ſerve plus des uns pour avilir les autres, & que le royaume ne forme qu'une même famille. O princes! ſi vous n'écoutez pas ces avis, les ſoi-diſant *grands* de l'état écouteront peut-être ceux que je vais leur donner.

§. III. *Adreſſe aux Seigneurs de la Cour & autres Grands de l'empire.*

EXCELLENCES (1),

Vous avez vu, & vous voyez encore le ſort de pluſieurs ſeigneurs françois qui, comme vous, ne vivoient que de leurs

(1) Quand on parle à un homme, il convient de lui parler la langue de ſon pays. Il eſt cependant bon d'obſerver que ce mot d'*excellence* ne dérive point du mot *excellent*; car il ſignifie en Italie grand ſeigneur.

titres & de leur orgueil. Vous avez été témoins que le peuple, dans sa justice, brise la couronne d'un marquis comme celle d'un comte; les cris du villageois françois, secouant un joug honteux, sont venus jusqu'à vos oreilles; enfin, la justice de l'éternel vous est connue.

Eh bien, messieurs; vous avez vu tout cela, & vous tenez encore à vos parchemins!... Croyez-moi, exécutez-vous vous-mêmes; pour vous y engager, permettez-moi de vous prouver que vous vous étourdissez sur vos dignités bien mal-à-propos; car vous êtes encore plus esclaves que vos valets (1).

Que faites-vous à la cour? des bassesses pour vous y soutenir. Il faut que, malgré votre fierté vous y soyez complaisans, serviles, enjoués ou tristes, suivant la volonté

---

(1) Les Polonois font maintenant l'admiration de l'univers; ce n'est qu'en imitant leur générosité que vous pourrez vous éviter la honte de céder à la force.

du prince. Après quelques jours d'humiliation ou de triomphe, vient un grand qui vous supplante ; le roi vous fait la mine, & un de ses valets vous dit de vous retirer.

Comparez, messieurs, votre position à celle d'un citoyen d'une république ; il gouverne l'état à son tour ; il n'est jamais le valet de personne......

Comment osez-vous vous appeller *nobles* en ne jouissant pas même des droits de l'homme ? Dès la plus tendre enfance vous endossez la livrée, & le nom de page qu'on vous donne ne signifie autre chose que petit valet ; vous devenez ensuite écuyers, & puis ministres d'antichambre. Ces mêmes charges, si méprisables dans vos hôtels, se dénaturent donc bien à la cour ! Il faut, en vérité, que cette cour soit bien magique, puisqu'elle ôte à l'homme la connoissance de lui-même.

Au lieu de vous ruiner à faire des révérences éternelles, sachez mieux profiter de votre fortune. Voyagez, instruisez-vous dans votre jeunesse ; ne craignez pas le jour où la nation doit conquérir sa liberté, parce que si vous avez du mérite, vous occuperez toujours les premières places de l'empire.

§. IV. *Adresse au Clergé des Etats de Sardaigne.*

MESSIEURS,

Je vous préviens que le *déficit* est énorme à Turin ; ce mot seul doit vous faire craindre que votre ordre ne soit destiné à y remédier. Vous savez ce qui se pratique déjà à votre égard ; on abolit de temps en temps des prieurés, des abbayes & des couvens, soit en Piémont, soit en Savoie. Vous êtes témoins que le clergé de France est forcé de payer la dette.

Tout le monde sait que les gens d'église ne contractent point les dettes d'un royaume ; c'est toujours l'ordre de la noblesse qui fait la sottise ; mais on fait aussi que ce sont toujours les prêtres qui paient.

Permettez-moi, messieurs, de vous observer que cela vient de votre indifférence & de votre coupable respect pour les gens du haut parage. Au lieu de fermer les yeux sur leur conduite criminelle, pourquoi ne la dénoncez-vous pas dans les temples ? pourquoi craignez-vous d'élever la voix dans vos chaires contre les vices des gens en place ? enfin, vous qui êtes toujours les instituteurs des nobles (1), pourquoi leur donnez-vous une si mauvaise éducation ?.....

Ministres de l'éternel, vous devez vous faire respecter des grands, si vous voulez l'être du peuple. Si vous ne faisiez point de bassesses auprès d'elles, la cour ne seroit jamais injuste à votre égard ; on se sert

---

(1) C'est toujours un prêtre qui élève un prince ou un grand seigneur ; & malgré cela, ces messieurs sont rarement humains, généreux & de bonne foi.

de vous pour tromper le peuple ; mais en revanche on ſe ſert de la force du peuple pour vous reprendre les biens qu'on vous avoit donnés pour le tromper.

Renoncez donc aux promeſſes des grands ; rentrez dans le ſens de l'évangile. Montrez également leurs devoirs à tous ceux qui ſont dans votre égliſe ; inſtruiſez les peuples ; parlez-leur de leur dignité, & corrigez ceux qui les oppriment.

§. V. *Adreſſe au Peuple.*

FRÈRES ET AMIS,

L'ÉTAT moral, politique & phyſique peint dans cet ouvrage ſuffit pour tracer aux yeux de l'univers vos maux & votre douleur. Ne perdez cependant pas courage ; tandis qu'un régime oppreſſif veut vous avilir, n'oubliez pas cette divine ſentence qui annonce à tous les êtres que *la liberté naît du ſein de l'oppreſſion.*

Ne croyez pas que je veuille vous avilir

par le récit de vos malheurs ; non, mes frères, je ne cherche qu'à intéresser les autres nations en votre faveur. Mon but est de justifier vos murmures.....

Vous gémissez sous des individus qui n'ont d'autre pouvoir sur vous que celui que vous voulez bien leur donner ; vous vous fatiguez à défricher les campagnes pour nourrir des gens qui abusent encore envers vous de leur oisiveté ; vous supportez le fardeau le plus pénible de l'état, & ceux qui jouissent du fruit de vos sueurs vous regardent à peine comme des êtres dignes de pitié.

Vous croiriez-vous nés pour un état aussi humiliant ? le regarderiez-vous comme un châtiment dû au crime d'*Eve* & d'*Adam* ?..... Si le travail & la douleur furent la peine promise par l'éternel aux enfans d'Adam, il faut, mes amis, en donner une égale portion à tous les hommes. Que les nobles fassent leur tâche ; car malgré leurs parchemins ridicules, ils sont tous sortis du paradis terrestre. Et puis, ne seroit-il pas à propos que chacun eût ſon tour ? Celui qui a volé doit être dépouillé ; celui qui a tué doit être mis à mort. Voilà le droit des gens & celui de la nature.

On vous aveugle ſur vos plus chers intérêts, au point qu'on diſpoſe de vos vies comme de vos fortunes ; vous perdez vos bras & vos jambes dans des batailles pour immortaliſer vos princes, ou pour obtenir un collier de l'ordre au gentilhomme qui, ſe vantant d'avoir ſeul gagné la victoire, compte toujours les ſoldats pour rien.

Vous étudiez les ſciences, vous apprenez les arts, vous ſupportez les fatigues des métiers les plus durs & les plus utiles, pourquoi cela ? pour ſervir les grands, & en eſſuyer des humiliations.... Puiſque vous êtes la claſſe la plus néceſſaire, ſoyez au moins la plus fière ; abandonnez-les un inſtant dans leurs palais, & vous verrez ces illuſtres individus venir mendier vos ſecours, vos bras & vos lumières.

Tandis que vos gentilshommes de Sardaigne, du Piémont & de la Savoie s'unissent si étroitement pour tenir dans leurs chaînes ce qu'ils appellent le *peuple*, faites comme eux; soyez aussi d'accord pour vous rendre votre majesté, & montrez-leur la force de ce *peuple* qu'ils méprisent depuis trop long-temps. Mais remarquez bien que vous ne pourrez jamais reprendre votre souveraineté qu'en rappellant dans vos cœurs cette sainte maxime que *tous les hommes sont frères*. Piémontois & Savoisiens, pourquoi vous regarderiez-vous comme ennemis? Le laboureur qui défriche les terres de la Savoie attente-t-il jamais sur les jouissances de l'agriculteur du Montferrat?..... auriez-vous les uns & les autres la foiblesse de vous faire un crime de ne pas parler la même langue?.......... Ouvrez enfin les yeux, apprenez que cette haine, que vous croyez qui règne entre vous, n'est qu'un effet de la cruelle politique de vos maîtres; ils vous divisent pour vous affoiblir & vous accabler à leur aise.

Rappellez-vous que c'eſt par le reſſort de ces haines de nations à nations que les deſpotes dominent ſur leurs ſujets ; c'eſt en armant les peuples les uns contre les autres ; c'eſt en les faiſant s'égorger entr'eux qu'on leur ôte les moyens de s'inſtruire, de s'unir & de faire régner les loix de l'humanité ſur la terre.

Quand on vous armeroit pour empêcher les lumières de la France de pénétrer dans vos foyers, ne ſeroit-ce pas vous dire : « préférez les intérêts des nobles aux vôtres, quoique vous ſoyez dans le plus dur eſclavage ; ne ſouffrez pas qu'on briſe vos chaînes ; aſſaſſinez vos libérateurs ; préférez nos vexations & nos coups de bâton à la liberté ». Vous conviendrez qu'un tel diſcours eſt des plus ſtupides ; c'eſt pourtant celui qu'on ſe prépare à vous tenir.

Comparons maintenant le langage de la raiſon & de la liberté à celui des cours ; écoutons la voix de la nature : « peuples, le moment de vous régénérer eſt arrivé ; une claſſe d'êtres ridiculement privilégiés abuſe depuis trop long-temps de votre patience; vous avez ſouffert des vexations inouies; on vous a fait égorger vos ſemblables par des raiſons d'orgueil & d'atroce politique; on diſpoſe du fruit de vos travaux; à peine vous honore-t-on du nom d'hommes..... Quelque criantes que ſoient ces injuſtices, ne vous livrez cependant pas à la fureur; c'eſt la raiſon, c'eſt l'humanité qu'il faut écouter, & non pas la vengeance. Vous n'avez pas beſoin de faire couler des ruiſſeaux de ſang pour rentrer dans vos droits, laiſſez aux tyrans & aux nobles ces affreuſes reſſources. Contentez-vous d'élever la voix; montrez vos titres; menacez; les peuples ſont aſſez forts pour ſe faire obéir ſans frapper ».

Voilà les paroles que l'éternel prononça du haut de la Baſtille. La France entendit cette voix; elle eſt heureuſe. Mais, ne nous y trompons point, ce diſcours s'adreſſoit à toutes les nations.

Il ne s'agit point de renverſer des trônes,

ni d'annuller les loix ; corriger des abus n'eſt pas détruire la ſociété. Je n'ignore pas que les ſoi-diſant *grands* vous diront qu'ils ſont vos maîtres par la grace de Dieu, & que Dieu ſeul peut abolir leurs privilèges... Eh bien, conſentez à cette propoſition extravagante, dites-leur que c'eſt auſſi la grace de Dieu qui vous éclaire ſur leurs injuſtices, & qui ſe ſert de vos bras pour les punir. Soyez aſſurés que ſi ces meſſieurs trouvent un verſet dans l'évangile en faveur de leur hiérarchie, vous en trouverez mille pour les rappeller à la raiſon, à l'égalité & à la vraie religion.

Vous n'avez qu'à obſerver vos loix de près pour vous engager à les changer ; ces loix donnent tous les honneurs, toutes les graces aux nobles ; & les châtimens, comme le déshonneur, ſont pour le *peuple*. Comment ſe peut-il que parmi tant de gentilshommes on n'en voie jamais traîner un au gibet ? c'eſt qu'ils ont des patentes d'impunité. Quelqu'infames que puiſſent

être

être leurs actions, elles ne portent jamais le nom de crimes (1).

Ah! peuple, voilà pourtant les loix que tu défends! voilà les abus irréligieux que tu paies de tes travaux, de ta santé & de ta vie! Porte ta sollicitude au pied du trône; vole dans les bras du prince que tes pères y placèrent; dis-lui que ses courtisans trompent sa religion; montre-lui les plaies de l'état; ébranle sa sensibilité, mais en même-temps fais-lui voir le re-

(1) Pour qui sont ces satellites, ces bourreaux, ces juges que la nation paie & entretient? Ils n'ont servi jusqu'à présent qu'à autoriser les vexations du riche & à punir le pauvre de sa misère; car enfin, visitez les prisons & les galères, vous n'y trouverez que de malheureux laboureurs qui auront voulu tuer un lièvre sur les terres du prince; vous n'y verrez que des infortunés qui ont cru pouvoir acheter du tabac ou du sel à bon marché; vous n'y entendrez jamais que les cris de la pauvreté. Sur tant de nobles qui n'ont ni probité, ni mœurs, ni vertu, pourquoi n'en voit-on pas un en prison?

mède; déploie un bras vigoureux; chasse les adulateurs de sa cour; défends ses jours contre la vengeance des nobles; démasque les défauts de la loi; enfin, n'oublie rien pour éclairer un prince qui sera bientôt d'accord avec ses enfans, puisqu'ils ne demanderont que justice, paix, union & égalité!

Si ces moyens étoient nuls.... si les cris du peuple étoient inutiles..... attendez les décrets de l'Eternel; reposez-vous-en sur la bonté de votre cause; nations, vous serez enfin souveraines.

CHAPITRE V.

Résumé de l'état de la Maison de Savoie.

Autres observations qui éclaircissent les observations précédentes.

§. I. LES possessions du roi de Sardaigne ne sont pas bien grandes; ainsi mon *état moral*, *physique* & *politique* ne pouvoit être que très-succinct.

§. II. La Savoie est pauvre, parce qu'elle gémit sous l'oppression.

§. III. L'île de Sardaigne fourniroit de grandes ressources; mais elle ne rend guères au souverain que le plaisir d'en être roi.

§. IV. Le Piémont est très fertile; mais la soie étant son principal commerce, les Piémontois devroient un peu plus s'humaniser avec les François; car ce sont ces derniers qui leur comptent toutes les années des millions. Sans les *louis* qui viennent de France, je ne sais guères avec quoi l'on feroit des *carlins* à Turin.

La cour ne rend les François odieux au peuple que parce qu'ils sont éclairés; qu'ils connoissent les droits de l'homme, & qu'ils détestent la tyrannie. On ne défend en Savoie & en Piémont la cocarde aux trois couleurs que parce qu'elle annonce la liberté ; mais comment fera-t-on lorſque la monnoie de France va porter la même deviſe ? Pauvre peuple ! vous défendra-t-on auſſi de recevoir des écus ?

§. V. Sujets du roi de Sardaigne, demandez qu'on aboliſſe le droit de primogéniture chez les nobles. Cet uſage impolitique vous met trop de cadets ſur les bras.

§. VI. Dites à votre ſouverain de ſe faire préſenter la liſte de ſes finances.

§. VII. *Déficit.*

§. VIII. Montrez au roi que ce déficit eſt une ſuite de l'orgueil de ſes gens, de ſes agens, de la voracité de ſes courtiſans, & de l'ineptie du bureau de la guerre. Que ſignifient ces accommodemens, ſans autre cauſe que celle d'avancer des enfans ? que veut dire cette légende ridicule de généraux pour une armée de vingt mille ſoldats (1) ?

---

(1) Il eſt bon d'obſerver que chaque ſoldat a quatre ſupérieurs. Ainſi, lorſque la cour de Turin

§. IX. *Déficit....* parce que les cartons de cent livres & ceux de cinquante perdront leur crédit à force de les multiplier.

§. X. *Déficit.......* parce que des républiques voisines attirent l'or & l'argent du Piémont ; elles l'achètent avec des pièces de cuivre. La cour peut essayer de retirer sa monnoie ; elle trouvera peu de pistoles, peu d'écus, & beaucoup plus de mitraille qu'elle n'en a fait frapper.

§. XI. *Déficit, déficit, déficit....* par la raison que la recette diminue à mesure que la dépense de l'état augmente.

§. XII. Le remède à tant de désordres

---

fera marcher cinq mille hommes, on n'aura que mille coups de fusils à craindre ; car les généraux, les colonels, les majors, les officiers, les sous-officiers ne se présentent guères que la canne à la main.

eſt de faire le contraire de ce qu'on a fait jusqu'à préſent.

§. XIII. Il faut veiller à l'inſtruction des peuples, & non pas à leur ruine.

§. XIV. On peut avec des canons dépeupler un état; mais cela ne paie pas les dettes.

§. XV. L'oubli des loix n'eſt jamais une reſſource pour les maîtres d'un empire qui menace ruine.

§. XVI. Pour avoir de bonnes troupes il ne ſuffit pas d'avoir des officiers *importans*; l'élégance, la parure, l'orgueil, l'irréligion ſont des qualités peu faites pour intimider un ennemi. A propos d'officiers, s'il falloit entrer en campagne, qui chargeroit-on du tranſport de ces petits lieutenans qui peuvent à peine marcher & manger ſeuls?... Sur qui tireroient ces ſoldats que l'on mépriſe tant en temps de paix, & qu'on bat chaque jour de verges & de bâtons, sur le seul caprice d'un fanfaron à larges épaulettes ?

§. XVII. Quand on aura donné des croix de Saint-Maurice à tout le monde, comment distinguera-t-on les *chevaliers* ?

§. XVIII. A force de ridiculiser les places de magistrats, où trouvera-t-on à la fin des juges ?

§. XIX. Il est de fait que le commerce & l'agriculture nourrissent & font fleurir un état. Qu'arrivera-t-il si on ne s'occupe, au contraire, que d'habits d'uniforme, de croix, de cordons, de tambours, d'exercice, de bastonnades & de musique ?

§. XX. Qui est-ce qui a pu persuader au cabinet de Turin que la prodigalité est un moyen d'économie ? Quel est le gouvernement qui sert de modèle à celui de Sardaigne ?

§. XXI. Réformez-vous, ou le déficit vous réformera.

§. XXII. Calculez votre dépense sur vos ressources, & ne perdez pas vos dettes de vue; abolissez les trois-quarts de ces charges qui vous ruinent; diminuez le nombre de ces statues de bureau; ne pensionnez plus tant de valets de cour.

§. XXIII. Au lieu de vous opiniâtrer contre la révolution promise à tous les peuples, prévenez-la; soyez humains, soyez justes, & votre trône ne sera point ébranlé.

§. XXIV. Quelle est la nature de votre gouvernement? il n'est ni monarchique ni vraiment despotique. C'est un mélange d'impolitique qui ne peut subsister au degré où il est. Si la constitution Françoise répugne si fort au cabinet de Turin, qu'il adopte au moins en entier celle des sultans de Constantinople. Le despotisme Turc est cent fois plus juste que le despotisme Piémontois ; car la force du Sultan pèse sur tous ses sujets indistinctement. Il n'a pas la bonhommie d'obéir & de se laisser maîtriser par ses visirs. Il a le courage de faire tomber la tête de ses agens ; enfin il est vraiment maître.

Mais le roi de Turin n'a de pouvoir que sur le pauvre. Ses nobles, ses grands de cour commettent mille iniquités en son nom, & sont impunis. Au lieu d'être maître dans son royaume, il est esclave de la noblesse. On lui dicte ses plaisirs, ses devoirs, & son existence est vraiment toute dévouée aux caprices de ses gentilshommes. Il n'est donc ni monarque, ni despote ; il est le premier esclave de l'état.

§. XXV. Le désespoir des peuples les amène à la connoissance de leur force.... De-là la chûte des tyrans.

§. XXVI. Il faut savoir commander suivant les circonſtances; la politique d'un état eſt fondée ſur celle de ſes voiſins. Le prince qui ne feroit pas cette réflexion joueroit ſa couronne aux dés.

§. XXVII. A un peuple inſtruit il faut des maîtres ſages & éclairés. Les eſpiégleries de cour, les ſingeries du fanatiſme ne ſont plus que des reſſorts nuls & ridicules.

§. XXVIII. Le peuple ne voit plus ſans indignation qu'un ſeul homme ait le pouvoir de diſpoſer de ſa fortune & de ſa vie. Il ne croit ce pouvoir ſuprême que dans la main de Dieu.

§. XXIX. Les nations ſont décidées à rendre hommage aux vertus & aux talens; mais l'orgueil & l'impoſture n'attireront que leur colère & leur mépris.

§. XXX. Celui qui fera obſerver les loix; celui qui les obſervera lui-même pourra être monarque; mais plus de ſceptres de fer....

§. XXXI. S'il faut des peines corporelles & infamantes, de quelque condition que ſoit le coupable, rien ne doit le ſouſtraire aux coups de la juſtice.

§. XXXII. Les tyrans ſe coaliſent; les peuples doivent en faire autant. Les premiers le font pour avilir l'homme; que les autres ſe donnent la main pour l'ennoblir.

§. XXXIII. Les grands ont fait le *déficit*, qu'ils y remédient.

§. XXXIV. Le mot *peuple* a été mal entendu juſqu'à ce jour : il veut dire *homme* & *ſouverain*.

§. XXXV. Le mot de tyrannie eſt un blaſphême : il faut livrer le nom & le fait à l'exécration publique.

§. XXXVI. Fraternité, c'eſt le mot de ralliement : vivre libres ou mourir, ſont les mots de l'ordre.

§. XXXVII. O rois ! que vous demande-t-on ? la juſtice. Peuples, qu'exige-t-on de vous ? du courage......

§. XXXVIII & le dernier. Peuples & rois, je vous ai donné un apperçu des droits de l'homme ; gardez-vous cependant de mal interpréter mes diſcours ; ne croyez pas que je donne tout aux uns & rien aux autres. Je prêche la paix, & non pas la diſcorde. Ce ne ſont point les ténèbres que je répands, c'eſt la lumière.

Ne cherchez à briſer vos fers que lorſque vous aurez bien conçu ce qu'on doit entendre par liberté. Ce mot ſaint & ſacré ne détruit pas l'ordre des ſociétés : il ſoumet tous les hommes au pouvoir de la loi, & n'abat que les jugemens arbitraires, les vexations injuſtes, les titres & les prétentions de l'orgueil.

Quoique libre, un citoyen ſe doit toujours à ſa patrie; s'il ne paie plus les impôts ſur le ſeul caprice des nobles, il doit une contribution patriotique pour ſubvenir aux charges de l'état.

Il ne faut pas non plus qu'il ſe trompe ſur l'*égalité*. En admettant tous les hommes au concours des places, on penſe que chaque citoyen ne s'oppoſera ni par haine ni par amour-propre à l'avancement des gens de mérite.

Perſonne ne ſe repoſera ſur ſes voiſins pour ce qui regarde le maintien de la liberté & le ſoutien de la loi; il n'y aura plus d'eſpions, mais chacun veillera au bien de l'état.

Hommes, réfléchiſſez ſur votre dignité, & vous n'aurez pas beſoin qu'on vous explique les droits du citoyen.

« Il ne peut y avoir qu'un droit qui » oblige les hommes; il n'y a qu'une loi

» qui établiſſe un droit ; & cette loi, c'eſt
» la droite raiſon, qui enſeigne ce qu'il
» faut défendre.

» Une loi injuſte, ſous quelque nom qu'on
» la donne, ne doit pas paſſer davantage
» pour une loi, quand même un peuple
» auroit pu s'y ſoumettre, que les drogues
» mortelles d'un empyrique ignorant pour
» des remèdes ſalutaires ».

MABLY. Des droits & des devoirs du citoyen.

ÉTAT
MORAL, PHYSIQUE
ET POLITIQUE
DE LA MAISON DE SAVOIE.

SECONDE PARTIE.

« Que chacun reprenne ſa place dans la ſo-
» ciété ; que la loi ſoit au-deſſus de tous ;
» mais que cette loi ſoit faite pour tous ».

INTRODUCTION A LA SECONDE PARTIE.

HONNEUR & gloire à la raiſon. Les peuples commencent à y voir clair, & l'on ne baiſſe plus auſſi honteuſement la tête devant ces ridicules individus chamarrés de cordons, de croix ou de clefs. Les ministres ne disent plus aussi impudemment nous voulons; les intendans ne paroissent plus aussi affamés que jadis; & les hordes calotines ont beaucoup perdu de leur influence magique. L'empire François lance de toutes parts les traits de son génie & de ses talens patriotiques; les mots de courage & de liberté se font entendre aux deux extrémités de l'univers. Cependant des millions d'infortunés sont encore sous le joug; tous les peuples admirent la France, & ne peuvent encore l'imiter.

Intimidés par la cruauté des tyrans, trompés par les rêves politiques des *nobles*, quelques peuples portent leurs chaînes par habitude. Le Savoisien, le Sarde, le Piémontois sentent leurs misères; ils n'ont plus besoin que de quelques instans de réflexion pour bien connoître leurs droits; mais quand ce jour de lumière sera venu, malheur à ceux qui les auront trompés!

Les révolutions ne doivent s'opérer qu'après

qu'après qu'une nation a mûrement réfléchi ſur les abus qui la déshonorent. Il ne s'agit pas de faire des ſoulèvemens injuſtes; c'eſt la loi, c'eſt la juſtice qui doivent dicter toutes les réformes.

Un peuple eſt ſans doute libre de changer ſon gouvernement, dès qu'il s'apperçoit que les baſes en ont été changées : ſi ſes mandataires ne ſont plus que des fripons, il a le droit de les remplacer & de ſes ſoumettre à la loi. Ceci paroît choquant & ridicule à ces *privilégiés* qui diſent bêtement que les *grands* ſont tout, & le peuple rien; mais qu'ils ſachent que le temps des impoſtures eſt paſſé, & que l'Eternel irrité ſe ſert de la main des citoyens pour punir les deſpotes & leurs agens.

J'aurois pu me contenter des réflexions que j'ai faites dans la première partie de ce livre; elles ſuffiſoient ſans doute pour prouver aux ſujets du roi de Sardaigne que leur gouvernement eſt vicieux; qu'il eſt contraire aux loix divines & humaines; mais j'ai cru devoir encore ajouter des démonstrations plus frappantes. Je vais rendre compte à une nation de l'emploi que son *soi-disant maître* fait du fruit de ses sueurs. Je vais mettre le *pouvoir exécutif* en contradiction avec la loi ; la bourse de l'état en contradiction avec les depenses de la cour ; & le législateur en contradiction avec la justice.

SECONDE PARTIE.

CHAPITRE PREMIER.

Calculs injustes & ridicules du cabinet de Turin.

§. I. EN 1630 des auteurs citoyens reprochoient déjà aux ducs de Savoie leurs ruses Italiennes & leur manière de gouverner. En lisant *la première & seconde*

Savoisienne, on s'apperçoit que les princes en général s'occupèrent toujours à tromper leurs sujets, & les autres princes leurs alliés (1).

Il est vraiment curieux de voir dans l'histoire les despotes violer même entr'eux tous les principes de l'équité. Il est affreux de se rappeller que le peuple est obligé de verser son sang pour soutenir les rapines d'un fourbe qui a l'audace de se dire *roi par la grace de Dieu*.

Quand une nation veut reprendre ses droits & faire rendre compte à ses agens,

---

(1) La première & seconde Savoisienne fut imprimée à Grenoble, chez *P. Marnioles*, en 1630. On voit dans cet ouvrage « comment les ducs » de Savoie usurpèrent quelques états à la France; » comment les François les ont eus souvent pour » ennemis; comment ils ont été infidèles dans » leurs alliances; comment, enfin, l'église a reçu » de grandes offenses de cette maison royale ». Ce sont les paroles même de l'auteur des Savoisiennes.

des miniſtres ont l'impudence d'oppoſer la ſouveraineté d'un ſeul homme; ils citent des droits de couronne, des titres de poſſeſſion, de conquête, &c. Mais pourquoi reſpecteroit-on de tels titres, puiſqu'ils n'ont d'autre valeur que celle que leur prêtent l'impoſture des uns & l'ignorance des autres?

Dans la glorieuſe révolution de France, on a entendu des tyrans coaliſés rappeller des droits antiques ſur quelques provinces Françoiſes. Ils oſent encore s'appuyer ſur ces prétentions, comme ſi, jadis même, elles euſſent eu la juſtice pour baſe. N'eſt-il pas ridicule de voir le cabinet de *Turin* parler de prétention ſur la *Breſſe*, le *Bugey*, & le *pays de Vaud?* Comment des uſurpateurs oſent-ils parler de loi, d'héritage, de droits ou de poſſeſſions? Je vais démontrer au roi Sarde comment l'hiſtoire du ſiècle paſſé parle de ſes conquêtes, de ſes titres & de ſes uſurpations; j'eſpère que ces preuves démonſtratives éclaireront les Sardes, les Piémontois & les Savoisiens sur leurs intérêts & sur le peu de cas qu'ils doivent faire des *calculs* du *cabinet de Turin.*

Voici un passage tiré d'un livre imprimé le siècle passé; j'y ai laissé le même style; & j'ai cru ne devoir faire aucun changement à cette pièce authentique. Peuples, vous allez voir sur quoi sont fondées les possessions de vos rois!

« Premièrement, les comtes de Savoie,
» sans aucune couleur ni prétexte, se sont
» emparés de Nice & Villefranche, qui
» sont du vrai & ancien corps du comté de
» Provence, dont les comtes ont été re-
» connus seigneurs de tout temps, & mes-
» mement la reine Jeanne, fille de Robert,
» roi de Sicile, & comte de Provence:
» laquelle en jouit jusqu'en l'an 1380
» qu'elle fit don de tous ses biens à Louis
» premier, duc d'Anjou; lequel, & après
» lui la reine Marie, au nom de Louis deux,

» duc d'Anjou, en jouirent paiſiblement » comme comtes de Provence. Mais pendant les grandes guerres de la maiſon » d'Anjou contre les Arragonois pour » Naples, le comte de Savoie, ſans titre » ni couleur que de bienſéance, s'empara » des terres de Nice & de Villefranche; & » conſéquemment les rois de France, hé- » ritiers univerſels des comtes de Provence, » ſont ſeigneurs ſans aucun doute de ces » deux places.

» En ſecond lieu, la maiſon de Savoie » s'eſt ſaiſie auſſi de force & de violence » du pays de Piémont, faiſant partie de » l'ancien corps & patrimoine de Pro- » vence. Ce qui eſt tellement vrai, qu'en » l'an 1306 fut faite l'union de la princi- » pauté de Piémont avec le comté de Pro- » vence; & en ont joui les comtes paiſi- » blement juſques en l'an 1363 que la » reine Jeanne en fut dépouillée.

» En troiſième lieu, ils ont auſſi occupé » grande partie du comté d'Aſt, qui eſt de

» la maiſon d'Orléans, ayant été donné en » dot à Valentine ; comme auſſi ils ſe ſont » emparés de l'hommage de Fouſſigni, qui » relève du Dauphiné.

» En quatrième lieu, ils doivent obéir à » l'arreſt contradictoire donné le 10 juin » 1390 au parlement de Paris, où ils ont » procédé, & ſe ſont défendus de tous » moyens, par lequel le roi dauphin fut » déclaré ſeigneur ſouverain du marquiſat » de Saluce ; & en exécution de cet arreſt, » le duc de Savoie doit rendre grand » nombre de terres occupées du marquiſat, » avec les fruits.

» En cinquième & dernier lieu, *Phi-* » *lippe VII*, duc de Savoie, eut deux » femmes ; la première, Marguerite de » Bourbon, lui apporta ſoixante mille » écus. Par le contrat de ce mariage, les » enfans qui en ſortiroient devoient ſuc- » céder les uns aux autres pour le tout ; » & leur eſt fait don en préciput des comtés » de Baugé & chaſtellenie de Bourg-en-

» Breſſe. De ce mariage y eut un fils
» nommé *Philibert*, & *Loyſe*, mère du roi
» *François Ier*. De la ſeconde femme y
» eut deux fils. *Philibert* ſuccéda à ſon
» père, & décéda ſans enfans, laiſſant ſa
» ſœur ſon héritière univerſelle, tant par
» la diſpoſition du droit commun qui pré-
» fère les conjoints des deux côtés, que
» par la clauſe expreſſe du contrat de ma-
» riage. Il eſt vrai qu'ès terres où le mâle
» étoit préféré, madame la régente ne
» prétendoit rien; mais en tout le bien de
» la mère, au préciput & en tous les
» meubles & biens allodiaux, elle étoit
» ſans doute ſeule héritière de ſon frère.
» Donc la couronne de France a des droits
» ſur les états de Savoie, pour la ſucceſſion
» de *Marguerite* de Bourbon, aïeule de
» *François Ier*, & de Louiſe de Savoie,
» ſa mère ».

Par l'expoſé de ce paſſage on voit clairement que les droits des rois ſont des droits de ruſe & des droits de force. Il eſt bien étonnant que des ministres osent faire valoir des prétentions anciennes, tandis que l'histoire nous démontre l'injustice de ces prétentions ! Et puis, comment a-t-on l'impudeur de vouloir hériter d'une province, parce qu'on eut autrefois la cruauté d'en assassiner les habitans ?

Il n'y a point de loi qui oblige des hommes réunis en famille à reconnoître des bourreaux pour les pères de cette famille. Rien ne prouve plus l'injustice des rois que cette devise inique qu'ils faisoient graver sur leurs canons : *ultima ratio regum*; n'est-ce pas-là un aveu de brigandage, de cruauté & d'injustice ? Peuples, reprenez vos canons ; effacez cette honteuse devise, & gravez-y ces trois mots : *fléaux des tyrans.*

Il seroit inutile de m'étendre davantage sur cette matière ; j'en ai dit assez pour prouver que les calculs du cabinet de Turin sont absurdes, lorsqu'il ose parler de ses droits ſur quelques provinces de France, & même ſur la Savoie, ainſi qu'on va le voir dans le paragraphe ſuivant.

§. II. La Savoie fut le premier apanage des rois de Sardaigne. Si vous liſez l'hiſtoire de cette maiſon, rédigée par des auteurs mercenaires ou eſclaves, vous trouvez mille plates ſottiſes ſur l'origine illuſtre de ces princes. On ne peut cependant s'empêcher de faire quelques réflexions critiques & vraies, en liſant la généalogie d'une famille royale. Celui qu'on trouve à la tête de la légende y arrive comme Adam dans le paradis terreſtre; c'eſt un *enfant perdu* dont l'hiſtorien n'oſe nommer ni le père ni la mère.

Mais laiſſons ces digreſſions; contentons-nous de dire que pour tourner les *nobles*, les *princes* & les *rois* en ridicule, il ſuffiroit de nommer le père du premier qui s'eſt ennobli dans la famille; on rougiroit ſans doute d'encenſer de tels idoles,

& les familles les plus orgueilleuſes demanderoient à n'être pas connues.

La Savoie étant le premier apanage du roi Sarde, il a dû ceſſer d'en être le chef du moment qu'il l'a abandonné pour aller s'établir dans des terres étrangères. Quand un peuple ſe nomme un chef, c'eſt pour qu'il veille à ſa ſûreté, pour qu'il faſſe exécuter la loi, & non pas afin qu'il marche ſur le corps de ſes ſujets pour aller élever au loin un trône. Ce n'eſt point pour la gloire du Piémont que la Savoie paya, alimenta & déifia ſes ducs.

Puiſque les rois parlent de droits & de juſtice, nous leur demanderons s'il eſt juſte que le Sarde & le Savoiſien envoient chaque année des ſommes conſidérables à Turin pour ſoutenir le luxe d'une cour qui oſe ſe dire propriétaire de ſes ſujets, comme un chaſſeur l'eſt de ſon chien. L'impôt que paient les Savoiſiens ne ſert qu'à fabriquer des inſtrumens de vexations ; on ne ſe ſert du *don national* que pour ſolder des ſatellites prêts à tomber sur la Savoie lorsqu'elle demandera un compte à son premier fonctionnaire public.

Supposons cependant que la cour de Turin ait encore des droits à la vénération de la Savoie; il sera pourtant permis aux Savoisiens de rappeller à leurs princes les conditions jadis attachées à la couronne. On pourroit prouver au roi Sarde que le duché de Savoie fut jadis électif; on verroit que la Savoie chérissoit & estimoit ses princes tandis qu'ils s'en rendirent dignes.

Les Savoisiens sont en droit de demander un compte à leur premier agent; mais comme il est probable que le cabinet de Turin s'y refuseroit, je vais lui épargner la honte de rendre ce compte; & je vais instruire mathématiquement tous les sujets du roi de Sardaigne de l'emploi qu'on a fait jusqu'à présent du fruit de leurs sueurs.

CHAPITRE II.

Compte rendu ; adminiſtration du roi de Sardaigne ; état général.

§. I. POUR rendre un compte exact, il faut ranger la recette d'un côté, & la dépenſe de l'autre. J'ai dit (première partie) que les revenus de l'état étoient de vingt millions, argent de Piémont, qui en font vingt-quatre, argent de France. Quelques perſonnes les portent à quelques millions de plus ; mais elles ont ſans doute été induites en erreur par les tables qui ſe trouvent dans différens bureaux de Turin. Le roi *Charles*, père du régnant, avoit ordonné à ſes agens de ne porter ſur les regiſtres qui pouvoient être vus la recette qu'à dix-huit millions ; par une politique contraire, *Victor* a voulu qu'on mît quelques millions de plus ſur ces mêmes regiſtres ; c'eſt ainſi qu'ont été trompés ceux qui n'ont pas été au fait de ces changemens ridicules. Par cette différence de publier la recette, l'un en plus, & l'autre en moins, il eſt facile de juger le caractère de ces deux princes ; en ſe montrant faux tous deux, ils étalent en outre un vice particulier ; on voit que *Charles* étoit avare, & que la prodigalité eſt une des paſſions de *Victor*.

Les revenus de l'état étant de vingt millions, l'agent de cet état fera ſans doute de mauvaiſes affaires ſi ſa dépenſe excède cette ſomme de vingt millions. Examinons chaque objet de dépenſes ; & de démonſtrations en démonſtrations, prouvons au roi Sarde qu'il a déjà anticipé pour trois ans ſur les revenus de l'état, c'eſt-à-dire qu'en 1791 il mange la recette de 1794. Il n'eſt pas difficile de concevoir que la dépenſe doit s'accroître chaque année, par les intérêts qu'on eſt obligé de payer aux Hollandois, aux Génois, aux juifs de Turin, &c.... Ainſi ſe forma le *déficit* de France ; ainſi s'eſt formé celui de Sardaigne.

La plus grande dépense de l'état est l'entretien de l'armée; car sur vingt millions de rentes, le bureau de la guerre en dévore quatorze à lui seul. Sous le roi *Charles*, la dépense de l'armée n'alloit qu'à huit millions, & il avoit autant de soldats que *Victor* : il est vrai qu'il n'y avoit pas un si grand nombre de généraux, d'officiers, & de jeunes militaires pensionnés (1).

Aux quatorze millions que coûte l'armée

---

(1) Le roi de Turin a une fureur pour tout ce qui tient au militaire; il ne s'occupe que d'uniformes, de châteaux, de canons, d'épaulettes & de tambours. Oui, il s'occupe sérieusement de tambours; car il y a quelques années qu'il chargea *sérieusement* son premier musicien *Pugnani* de composer une marche nouvelle. Le roi fut *sérieusement* obéi; *Pugnani* instruisit les tambours du royaume; cette bande défila ensuite devant sa majesté, qui en fut si contente que chaque tambour eut six livres de gratification, & que *Pugnani* fut décoré du titre de capitaine. Il faut bien aimer le militaire & les tambours pour faire un capitaine d'un joueur de violon de l'opéra!

joignons trois millions pour la dépense de la cour; ensuite le reste de la recette sert pour le département des affaires étrangères; car il est bon de remarquer que la cour de Turin dépense plus en ambassadeurs, en consuls, en agens, en envoyés, en espions, qu'aucune autre cour de l'Europe.

Voilà les vingt millions de revenu dissipés, sans qu'on ait pu mettre une pistole dans la cassette du roi; aussi lui arrive-t-il souvent d'envoyer chercher un juif, & de faire lui-même un emprunt de trente ou quarante mille livres. Il est aisé de connoître à Turin les juifs qui ont eu l'honneur de contracter tête-à-tête avec sa majesté; parce que le roi les exempte, par reconnoissance, de porter le ruban jaune à la boutonnière. Ce ruban est une devise très-humiliante dans un pays comme Turin; car le peuple y est encore très-*romainement* fanatique; & il n'est pas étonnant qu'un juif qui est riche expose une vingtaine de mille livres pour se dispenser de la *marque* hébraïque.

Il reste encore le bureau des *affaires internes* à entretenir ; Il y a encore *la chambre des comptes* ; trois *sénats* ; le bureau *des archives* ; des *universités* ; une *académie* ; des *colléges* aux frais du trésor royal ; une *école* de peinture. Et puisque les vingt millions sont dépensés sans qu'il soit encore question de tout ceci, n'est-il par clair qu'il faut recourir aux emprunts ?

Quand on ne trouve pas de l'argent dans l'étranger, la cour lâche quelques milliers de *billets*. A propos de ces billets de Turin, il est bon d'observer au roi Sarde qu'il avoit mauvaise grace de ridiculiser les assignats de France, qui sont, comme tout le monde le sait, hypothéqués sur des terres fertiles, au lieu que les *billets* de Turin ne sont hypothéqués que sur les ruines de Jérusalem, ainsi que le fit observer il y a quelque temps M. Carra (1).

(1) De tous les écrivains françois, les plus détestés à la cour de Turin sont MM. *Mercier* &

Il y a au moins pour quarante millions de ces billets ridicules qui courent le Piémont. Ce qu'il y a de certain, c'est qu'il y en a beaucoup de faux; mais le roi qui connoît son déficit, & qui craint de réveiller l'attention de ses sujets sur son papier-monnoie, se garde bien de faire des recherches à ce sujet. Il faudra cependant que le jour de lumière arrive; quelque respect

---

Carra. J'ai entendu le roi, le prince Condé & d'Artois s'en entretenir dans des cercles; ils eussent bien desiré les tenir dans leurs griffes royales. Je me faisois un plaisir d'amener la conversation sur ce sujet, lorsque je me trouvois dans les assemblées des seigneurs Piémontois; il est vrai que je paroissois être de leur parti pour ne pas être *embastillé*, & pour pouvoir examiner à mon aise la cour & son ministère. Malgré la finesse piémontoise, j'ai passé quelques mois dans les états de Sardaigne pour l'aristocrate le plus enragé; j'y ai reçu des embrassemens de tous ces lâches fugitifs, de ces émigrans françois qui, me sachant *ci-devant noble*, ne soupçonnoient pas que je les suivois à la piste.

qu'on ait pour un monarque, on finit toujours par compter avec lui.

Les Savoisiens n'ont jamais voulu se charger de ce papier ; on n'en voit point à Chambéry ; & malgré la haine que la cour porte aux assignats de France, ils circulent dans toute la Savoie. Les Piémontois finiront de même par ne plus croire aux sornettes de leurs seigneurs ; ils verront bientôt que la banqueroute de France est plus éloignée que celle de Sardaigne.

Le résumé de ce *compte* est que le roi a vingt millions de rente, & qu'il en mange chaque année plus de quarante. Il faut conséquemment que le peuple se dispose à fondre son argenterie ; que le clergé fasse son testament, & que les nobles vendent leurs parchemins.

Croiroit-on qu'avec un tel déficit, *Victor Amédée* a eu dernièrement la bonté de contracter une dette à Venise pour le prince Condé ? Ils ont l'un & l'autre emprunté douze millions ; on prétend qu'ils les ont hypothéqués sur les biens du clergé de France, devenus biens nationaux par la constitution. Ainsi, dans le cas d'une contre-révolution, les Vénitiens auront pour douze millions de biens à prendre en France, & on les leur a promis aux prix d'estimation.

On assure encore que *Victor* s'est rendu solidaire avec *mesdames* de France, pour un emprunt à la sainte cour de rome; ceci ne paroît pourtant pas probable, parce que les papes prêtent plus facilement des bulles que de l'argent.

Les agens du roi Sarde verront mon compte rendu; il me semble les entendre se dire que je ne suis pas au fait. Ils riront de ma bonne foi; les ministres courront à leurs livres; il n'y est pas, s'écrieront-ils, nous avons bien d'autres dettes que celles-là. Sans m'affliger d'un tel reproche, j'attends le moment où le déficit *Turinois* paroîtra dans tout son jour; il importe peu que je me sois trompé sur la quantité de ses créanciers, si j'ai prouvé que le débiteur est insolvable.

J'ai mis la dépenſe de l'état en contradiction avec la recette; mettons maintenant les adminiſtrations en contradiction avec la raiſon.

§. II. Le roi de Turin dit toujours qu'il eſt *maître*; il a ce mot à la bouche dans les momens même qu'il obéit à ſes miniſtres. Il y a quelques années qu'il deſiroit faire le voyage de Savoie avec la reine; les Piémontois, jaloux de voir paſſer quelques écus en Savoie, s'y oppoſèrent; on aſſembla un conſeil à ce ſujet; le maître diſoit *oui*, les miniſtres diſoient non, & la diſpute s'échauffoit. Pour la terminer un courtiſan adroit prit la parole, & dit au roi : « *Sire, en ſoutenant votre opinion pour le voyage de Savoie vous ne feriez qu'un acte ſimple de volonté; mais en vous oppoſant vous-même à ce voyage, vous feriez un coup de maître* ». Le roi ſe rendit au mot de maître, & le voyage n'eut pas lieu. C'eſt ainſi qu'on lui fait faire ce qu'on veut; mais toujours en lui diſant qu'il eſt maître.

Ce vernis de maîtrise rend toutes les administrations vicieuses dans les états de Sardaigne ; parce que les magistrats, les gouverneurs, les intendans accroissent ou perdent leur pouvoir suivant la confiance qu'ils surprennent au roi. Là ce n'est jamais la charge qui peut faire quelque chose, c'est l'homme. Si un président n'est pas bien auprès du roi, il est permis au plus chétif procureur de lui donner du pied au derrière. Si un intendant n'est pas le favori du sultan, le dernier commis de barrière lui rit au nez ; mais si un officier est protégé par Victor, il n'est plus soumis aux loix de la subordination ; un gouverneur voudroit-il s'en plaindre, le roi diroit je suis *maître*, & le gouverneur ne seroit pas écouté.

Un fait qui s'est passé il y a quelques années va prouver ce que j'avance. Un brave officier de dragons commandoit un détachement dans une petite ville de la Savoie ; un étourdi de cette ville (garde-du-corps de sa majesté) ayant fait beaucoup de bruit pendant la nuit, fut prié par le commandant de passer chez lui. Le garde s'y rendit ; mais lorsqu'on voulut lui faire sentir qu'il n'étoit pas dans l'ordre de causer du tumulte, il riposta par des propos offensans ; & quoique l'officier eût le grade de major, le garde, qui n'avoit pas même celui de sous-lieutenant, porta la main sur son épée. La cour de Turin fut instruite du fait; & comme le garde-du-corps avoit plus de protections que le commandant, voici ce que le roi décida : on fit passer une lettre un peu sèche à celui qui avoit raison comme major, comme commandant & comme chargé de la police de la ville, & le garde fut récompensé de son acte d'insubordination par une place de lieutenant dans un régiment d'infanterie. Cette injustice fit naître quelques années après un autre incident non moins malheureux pour le même officier de dragons. M. *le chevalier Vagnon*, c'est le nom de ce brave officier, étoit enfin parvenu au rang de lieutenant-colonel; les sous-lieutenans de son régiment, instruits de ſon ancienne hiſtoire avec le garde-du-corps, crurent de même courir à la lieutenance en manquant de ſubordination vis-à-vis du chevalier *Vagnon*. Un jeune inſolent, plus hardi que ſes amis, le provoqua en effet, & propoſa le cartel. *Vagnon*, qui ſe rappelloit l'inutilité de ſonger au grade, ſe rendit au défi; il répondit à l'offenſe & tua le jeune homme. Comme le défunt étoit un aîné de grande famille, on courut d'abord à la cour; *Vagnon* fut traîné à la citadelle; & malgré la bonté de ſa cauſe, il fut renvoyé du ſervice.

N'eſt-il pas évident que c'eſt le roi qui fut le ſeul aſſaſſin du jeune officier? Cet imprudent ne propoſa un cartel au chevalier *Vagnon* que parce qu'il avoit entendu raconter qu'un garde-du-corps avoit obtenu un brevet dans un cas ſemblable. Voilà où conduiſent les inconſéquences d'un roi *maître*!

Cette abſurde maîtriſe éclairera ſans doute les Savoiſiens & les Sardes ſur leurs droits. Je ſuis même ſurpris que le preſtige royal ait encore autant de force dans ces pays-là ; car il ne se passe pas d'année, pas de jour que le pouvoir arbitraire ne commette quelque injustice. On a vu en Savoie un avocat être attaqué en plein jour, au centre d'une ville, par des officiers qui lui donnèrent des coups de bâton, & cela sans autre cause que par jalousie de femmes. Hé bien, cet avocat courut se jeter aux pieds du souverain. Il ne put plus reparoître au sénat pour y remplir ses fonctions d'avocat ; il ne put rejoindre son adversaire pour en avoir satisfaction ; &, *de par le roi*, la justice ne prit pas sa défense, & ne vengea pas cet assassinat. L'officier fut, pour ce haut fait, envoyé ambassadeur en Portugal, où il est encore... Voilà quelles sont les vertus que protègent les cours ! Peuples, voilà les maîtres que vous vous donnez !

Je pourrois raconter mille événemens qui suffisent à la Savoie pour citer leur roi au tribunal de la raison. Les Sardes, les Piémontois ont de même des milliers de reproches à faire à leur chef. Ainſi il eſt temps de rendre aux loix leur majeſté, & de renverſer ces idoles ridicules qui ne ſont des géans que parce qu'on leur parle à genoux ; il eſt temps de guérir les grands de leurs folies, & les petits de leur crédulité.

Tandis que le roi s'endort ſur ſa *maîtriſe*, tandis qu'il s'occupe à faire diſtribuer des coups de bâton, à faire des dettes, à créer des nobles, il ne fait aucune attention aux diverſes & importantes branches de ſon adminiſtration. C'eſt ſans doute avec ſes légions d'officiers qu'il croit cacher ſon déficit.

Comment remplacera-t-il ce que lui font perdre les décrets de France ſur le ſel & le tabac ? Qu'il diſe à ſes intendans, à ſes financiers de lire le tarif des droits d'entrée & de ſortie de France ; qu'il demande aux payſans s'ils continueront de payer la dîme.......

Voilà de quoi devroit s'occuper le cabinet de Turin. La Savoie ſe laſſera ſans doute des déprédations de cette cour ; en voyant la France libre, elle rougira certainement de ſa honteuſe poſition, & elle demandera compte de l'or qu'elle a porté juſqu'à ce jour dans les mains d'un prince qui la mépriſe, qui l'humilie & qui l'accable.

Je prouverai dans cette ſeconde partie que les loix ſont ſans force ſous le ſceptre du roi de Turin ; je donnerai pour cela une courte analyſe des conſtitutions royales. Il importe maintenant de faire connoître à l'univers les diverſes loix qu'adoptèrent les rois ; il faut les comparer avec les décrets des auguſtes repréſentans de la France ; il faut diviniſer les héros de la liberté, & livrer les deſpotes à l'indignation publique. Avant que de paſſer à l'examen des loix Piémontoiſes, je vais donner un état général des troupes de ſa majeſté. Je vais nommer les divers tribunaux de juſtice ; enfin le paragraphe ſuivant va donner des détails ſuffiſans pour désigner les changemens qu'il y auroit à faire sur divers objets.

§. III. Voici l'état général de la maison de Savoie, c'est-à-dire, le tableau de ses villes, de ses régimens, de ses juges, & de sa monnoie.

Noms des villes de Sardaigne, du Piémont, & de la Savoie.

Aost.
Alexandrie.
Annecy.
Asti.
Albi.
Chambéry.
Cagliari.
Carrouge.
Carignan.
Cazal.
Chier.
Coni.
Carmagniole.

Ivrê.
Montmeillant.
Moutiers.
Nice.
Novarre.
Oriſtane.
Pignerol.
Rumilli.
Saſſari.
Saint-Jean de Maurienne.
Suſe.
Savillan.
Turin.
Thonon.
Tortone.
Verceil.
Villefranche.
Chypre & Jéruſalem.

Comme le roi de Turin eſt maître abſolu, il y a quelques-unes de ces villes qui ſont plus honorées de ſa protection que quelques autres. Celles que le cabinet royal déteſte le plus ſont les villes qui avoiſinent la France; on n'y députe que des commandans ſans ames, des intendans ſans délicateſſe & des ſoldats ſans frein. Comme il ſe doute bien que la Savoie lui échappera, il n'oublie rien pour la ruiner & la rendre déſerte.

Parmi les provinces injuſtement traitées, on peut citer les vallées réunies au Piémont par le traité d'*Utrecht*; ces vallées qui touchent à Briançon. On ne ſuit à leur égard aucune clauſe du traité; on les vexe, on les opprime, on y arrête toute émulation, toute induſtrie & tout commerce (1). Croira-t-on que le cabinet de Turin a délibéré long-temps ſur les moyens de tranſplanter les habitans de ces vallées dans le Piémont; on devoit les arracher à leurs

(1) Les rois de Turin n'ont pas toujours mépriſé ces provinces; car on trouve dans les archives de l'archevêque d'*Embrun* des actes dans leſquels les ducs de Savoie prennent le titre de *cellérier* de monſeigneur. N'eſt-ce pas là un beau titre pour un prince?.....

possessions, & réduire toutes ces vallées en friche pour rendre le passage de France en Piémont plus sauvage & plus difficile. C'est donc ainsi que les rois trafiquent de leurs sujets, & les égorgent ou les affament suivant leur orgueil. Les habitans de ces vallées n'ont aucune part aux faveurs de la cour; on les éloigne des places, par la seule raison qu'ils sont venus au monde trop près de la France. On ne compte que M. de la Tourrette à qui le roi n'a pu refuser un peu de confiance; mais la cour le flatte parce qu'elle ne doute pas de l'influence qu'il auroit sur les trois vallées en cas d'événement. On ne le flatte pourtant que par des témoignages extérieurs, que ce galant homme méprise certainement; il préfère à *l'encens de cour* l'estime & la vénération de tous ses concitoyens.

Je ne dois pas laisser ignorer les procédés de l'aristocrate *Choiseul* à l'égard de ces vallées. Comme ambassadeur François à Turin, il fut prié de revendiquer de la cour de Sardaigne le maintien des priviléges Briançonnois; mais ce *ci-devant*, depuis long-temps asservi à la cour & vendu aux Piémontois, s'y est constamment refusé. Il fit plus contre sa patrie en 1782; lors de l'amnistie on lui vit refuser un passe-port à un soldat du régiment de Chablais qui, prenant son congé en Piémont, vouloit retourner en France : un Piémontois est toujours mieux reçu par *Choiseul* qu'un François. Il est étonnant que la nation Françoise continue à solder un si mauvais citoyen; comment n'a-t-on pas rappellé ou chassé cet ambassadeur, lorsqu'on l'a vu, depuis la révolution, fêter les fugitifs à cocarde blanche & laisser humilier, sous ses yeux la devise de la nation? Ce *ci-devant* est sans talent comme sans patriotisme; ainsi c'est une pension à gagner : on peut le céder au roi de Turin.

Nombre des tribunaux de justice.

Il y a un sénat en Savoie : il siège à Chambéry. Cette cour étoit autrefois souveraine;

veraine ; mais elle est maintenant l'esclave du plus petit valet de la cour, ou du dernier des sous-lieutenans de l'armée. Ce sénat s'occupe maintenant à mettre à la torture & à procéder contre des citoyens qui n'ont autre chose à se reprocher que de n'avoir pas, comme la cour de Turin, déclamé contre la constitution Françoise. Les chefs de ce sénat sont Piémontois ; dès qu'un magistrat penche plus pour la justice que pour le roi, on le transplante en Sardaigne, ou bien on le pensionne chez lui ! Quittez ce nom de sénateurs, ou sachez reprendre votre dignité.

Le second sénat est en Piémont ; il siège à Turin.

Le troisième réside à Nice, & le quatrième est à Cagliari.

Ces tribunaux jugent au civil & au criminel ; ils fournissent, comme les anciens parlemens de France, des moyens immenses de chicane à un millier de barbouilleurs de papier.

Outre ces tribunaux, il y a des chambres

dites des comptes ; mais j'ai prouvé dans cet ouvrage que ces messieurs comptent fort mal avec le souverain, avec le peuple, & avec eux-mêmes.

Les tribunaux inférieurs sont les préfectures ou baillages, dont le nombre se réduit à une trentaine.

Viennent ensuite les juges de paroisse qui sont à la nomination & à la discrétion du seigneur du lieu.

Le roi Sarde a vingt-deux intendans pour administrer le numéraire de ses pauvres sujets. Ces intendans sont aussi juges ; on plaide chez eux comme chez un bailli ; & cependant les intendans ne connoissent guères d'autre article dans la *constitution* que celui qui regarde la taille. Ils s'en tirent comme ils peuvent, tant pis pour le plaideur.

Les secrétaires de ces intendances travaillent le plus souvent par orgueil & sans intérêt ; le roi donne à un commis qui aura travaillé dix ans gratis le droit de porter l'épée & deux cents livres de penſion. On voit par-là que s'il y a un déficit, ce ne ſont pas les ſcribes qui en ont profité.

Le clergé eſt composé de cinq archevêchés, de vingt-huit évêchés, de quarante-quatre abbayes : les couvents de moines n'y manquent pas. Le clergé contribue à toutes les charges de l'état.

Il y a des curés en Savoie qui n'ont que trois cents livres de rente, tout compris.

Le clergé des états de Sardaigne doit s'attendre, comme celui de France, à ſe voir appellé au ſecours du déficit. Comment ne ſe ſert-il pas de ſon reſte de puiſſance céleſte pour arrêter la prodigalité des gens de la cour ?

En temps de paix, le roi Sarde paie & entretient vingt mille ſoldats : mais il peut en fournir le double en temps de guerre. Cependant, la ſituation de ſes états le diſpenſe de porter ſi haut ſon état militaire.

La maiſon militaire du roi eſt composée de trois compagnies de gardes-du-corps, d'une compagnie de gardes-ſuiſſes, & de deux compagnies de gardes de la porte. On compte aussi parmi la garde du roi une compagnie de *dragons de la Chasse*; ces dragons veillent sur les cerfs & les perdrix de sa majesté; ce sont eux qui emprisonnent les braconniers. En Piémont, ces dragons sont aussi méprisés que les *sbires*. Voici le nombre & le nom des régimens :

Infanterie d'ordonnance.

Les gardes, deux bataillons.
Savoie, deux bataillons.
Montferrat, deux bataillons.
Piémont, deux bataillons.
Saluces, deux bataillons.
Aoste, deux bataillons.
Brigade d'artillerie, quatre bataillons.
Leutron, deux bataillons.
La marine, deux bataillons.
Chablais, deux bataillons.
Courten, deux bataillons.
Rochmondet, deux bataillons.
La reine, deux bataillons.

Grisons, deux bataillons.

Sardaigne, deux bataillons.

Légion de troupes légères, quatre bataillons.

Lombardie, deux bataillons.

Cavalerie & dragons.

Dragons du roi, quatre escadrons.

Chevau-légers, quatre escadrons.

Dragons de Piémont, quatre escadrons.

Piémont-royal, cavalerie, quatre escadrons.

Savoie, cavalerie, quatre escadrons.

Dragons de Sardaigne, deux escadrons.

Dragons de la reine, quatre escadrons.

Dragons de Chablais, quatre escadrons.

Aoste, cavalerie, quatre escadrons.

Outre ces régimens d'ordonnance il y a quinze régimens de milice qui passent chaque année la revue, & qu'on exerce pendant un mois. La milice, l'infanterie d'ordonnance & la troupe à cheval ſont tous habillés de bleu; ils n'ont point de numéro ſur le bouton, & on ne les diſtingue que par la couleur du collet, du revers, ou du parement.

La diſcipline militaire y eſt plus dure pour le ſoldat; le dernier caporal a, comme l'officier, le droit de porter le bâton & de s'en ſervir à volonté. Il n'y a pas un officier qui ne regarde tous les ſoldats comme ſes laquais. De tous les militaires il n'y a que les canonniers qui ſoient exercés, & qui ſachent quelque choſe. Les dragons & cavaliers ont de mauvais chevaux, & toute leur équitation ſe réduit à mener boire leur monture.

Cette petite armée eſt commandée par cent trente-ſept généraux, ſans compter les colonels de chaque régiment.

Dans quelque ville qu'on s'arrête, quelque bourg qu'on viſite, on rencontre des généraux ou de petits officiers. Il eſt démontré, calcul fait, que chaque ſoldat de ce pays-là à trois ſupérieurs en comptant les généraux, les officiers & les caporaux. N'eſt-il pas plaiſant de voir une liſte de cent trente ſept généraux pour une armée compoſée de vingt-ſix régimens, tant à pied qu'à cheval ? On a raiſon de dire, chaque pays chaque mode; car en Pruſſe, dans l'empire & ailleurs, un général à pluſieurs régimens à commander; mais chez le roi de Sardaigne, chaque chambrée a ſon général. Il n'eſt pas étonnant qu'un tel déſordre ruine l'état, & que le bureau de la guerre finiſſe par dévorer le roi & la nation.

Dans l'armée Sarde les officiers ſont tout, & le ſoldat n'eſt rien. Les punitions y ſont des plus aviliſſantes ; le ſoldat eſt mis aux fers pour la moindre faute; c'eſt un valet de prevôt qui mène les priſonniers à la revue; ce valet les tient par une chaîne qui eſt fixée à la jambe droite. Il y a des régimens où l'on ne trouve pas trois hommes par compagnie qui n'aient pas paſſé par les verges ; enfin , ce service est dur , mesquin & avilissant.

Soldats , regardez autour de vous ; apprenez à sentir votre dignité !..... Tournez vos armes contre ces monstres qui vous humilient ; ne vous laissez pas dégrader par l'orgueil de ces méprisables petits-maîtres qui vous commandent ; & rappellez-vous que les rois vous doivent leur force & leur fortune !

On a beau multiplier le nombre des officiers dans une armée , cela n'augmente pas la force ; on ne voit guères les gens de qualité avoir du courage que dans les romans (1).

---

(1) On commence heureusement à revenir de cette extravagante idée , qu'un homme a du courage & de la force à proportion de son degré de noblesse. Jadis les soldats qui remportoient une victoire étoient comptés pour zéro ; le colonel recevoit tous les honneurs , & l'on disoit un *tel* a vaincu. Bercés par ces antiques puérilités , les nobles parloient sans cesse du *sang* qui couloit

Car, en effet, qu'est-ce qu'un être appellé marquis, comte ou baron? *Rousseau* l'a dit : c'est à coup sûr le fils d'un laquais ou d'un frippon? C'est sur-tout dans les petits royaumes & dans les pays pauvres que la noblesse est toujours de fraîche date.

---

dans leurs veines; mais on a ouvert les yeux, on a vu qu'à l'impudence près un noble n'est qu'un imbécille. La dernière fredaine de *Louis XVI* en est une grande preuve; plusieurs mangeurs d'hommes lui avoient promis de l'enlever, & de perdre la vie plutôt que de l'abandonner. Hé bien, deux gardes nationaux se sont présentés; & les *Bouillé*, les Damas, les ci-devant gardes-du-corps, la nuée de gentilshommes a piqué des deux; on a laissé *Louis* dans la bagarre. Quelle leçon pour les rois!..... *Victor*, chasse ces lâches qui t'entourent; ils veulent te décider à livrer la guerre à la France; garde-toi bien de les écouter; car les scélérats t'abandonneront. Les *nobles* de tes états ne feront pas moins lâches que les *ci-devant* seigneurs de France; vois leur conduite à l'égard de leur roi..... juge-les, juge-toi, & tremble de te rendre à leurs perfides insinuations.

Les anciennes maiſons ſont dans la miſère; elles ſont inconnues, tandis que de nouveaux parvenus, fiers de leurs parchemins, ſe pavanent dans le palais des rois. Les premières maiſons du Piémont viennent preſque toutes de famille juive; dès qu'un banquier a ramaſſé quelques piſtoles à Gênes, Veniſe ou Milan, il abjure l'affiliation hébraïque, & pour une partie de ſon or eſt admis à s'aſſeoir auprès du ſultan de Turin. Les nobles de Savoie ſont tous fils de procureurs, de greffiers & autres membres du ſénat. Il y a bien quelques marchands qui s'ennobliſſent; ce ſont ceux qui, placés ſur la frontière, ont trouvé des reſſources dans la contrebande.

La nobleſſe n'eſt pas chère dans ce pays-là; car il en coûte tout au plus dix mille livres; moyennant cette ſomme, on ne fait aucune perquiſition ſur l'état, ſur l'origine, ni ſur les mœurs du perſonnage propoſé. J'en ai vu *noblifier* qui étoient morts civilement, c'eſt-à-dire, qui avoient contr'eux des arrêts du ſénat. Bannis & méprisés comme bourgeois, une patente de gentilhomme leur rendoit l'honneur. N'auroit-on pas tort, en effet, d'être délicat sur le choix d'une telle agrégation ?

Après avoir passé les troupes en revue, il nous reste à parler dans ce paragraphe des pièces d'or, d'argent & de cuivre frappées au coin du roi de Turin.

MONNOIES.

Espèces d'or.

LE *carlin* vaut cent vingt livres, qui font cent trente-huit livres de France.

La *pistole* vaut vingt-quatre livres de Piémont, qui en font vingt-sept liv. seize sols & deux deniers de France.

La *demi-pistole* vaut douze livres de Piémont.

Le *quart* de *pistole* en vaut six.

Espèces d'argent.

L'écu de six livres.

Le petit écu de trois livres.

Le *teſton* vaut trente ſols.

Le huitième de l'écu vaut quinze ſols.

Eſpèces de cuivre.

La pièce de ſept ſols & demi.

La pièce de deux ſols & demi.

Le ſol.

Le demi-ſol.

Le piquaillon ; il en faut ſix pour le ſol.

L'argent de France, les ſequins d'Italie & l'or & l'argent d'Eſpagne ont cours dans les états du duc de Savoie. On n'y trouve même que très-peu d'or frappé à Turin.

En Savoie on ne voit que l'argent de France, & toute la petite monnoie vient de Genève. Si l'or & l'argent de France portent un jour la deviſe de la nation, je ne ſais pas de quel œil le deſpote Piémontois verra circuler les louis & les écus patriotes. Il aura diablement d'embarras à remplacer le numéraire qui nous vient de France par ſes *piquaillons* & ſes *pièцettes*.

CHAPITRE III.

Coup-d'œil sur les loix de l'empire Sarde.

§. I. LES tableaux précédens & mes observations ont mis au grand jour les différens vices du gouvernement Sarde. Il y a beaucoup de personnes qui ne s'attendoient pas à voir dans la maison de Savoie tant d'abus, tant de prodigalités, tant de folies. Quelques plats écrivains ont osé citer cette cour pour modèle ; mais à coup sûr ces écrivains étoient à la solde du sultan de Turin ou de ses agens.

Le temps viendra où les rois seront forcés de compter avec ceux qu'ils avoient l'audace d'appeller leurs sujets ; on verra les vils soutiens des trônes fléchir le génou & même la tête devant la souveraineté des peuples.

Si j'étois souverain, je n'attendrois pas

l'orage qui précédera les jours de lumière; je me servirois de mon reste d'autorité pour faire rentrer les *nobles* dans la poussière; je briserois tous ces hochets avec lesquels on amuse les majestés; je me placerois dans le sein de la nation; & je ne voudrois plus me rendre odieux au père de tous les hommes.

Victor, ne te laisse plus conduire dans ces dédales politiques où te promènent par fois les d'*Artois* & les *Condé*; oublie l'orgueil & la morgue de tes ancêtres; envoie tes ministres au diable, & prends la cocarde nationale......... Ce seroit un beau coup de politique. Les nations libres t'aideroient à régner sur toute l'Italie; & tu soustrairois ta mémoire à l'éternel oubli qui t'attend.

Et vous, habitans de l'empire Sarde, vous, Piémontois, vous, Savoisiens, quittez ce fanatisme *royal* qui vous rend les vils esclaves d'un despote! Ne vous lasserez-vous point de porter le prix de vos sueurs dans un coffre d'où on ne le retire que pour payer vos bourreaux? Un monarque juſte & éclairé mériteroit ſans doute vos hommages; mais l'humanité rougit de voir un ſeul homme frappant une nation de ſa verge de fer. Qu'eſt-ce qu'un roi? c'eſt un homme d'affaires que vous payez pour ſervir l'état, & non pas pour le dévorer. Il ne fut d'abord que votre agent; rappellez-le donc à ſon premier état; faites-lui ſentir que vous ne le payez pas pour être votre maître, & que vos bras ont le droit de renverſer une idole qui n'eſt élevé que par vous.

Je vous ai prouvé qu'on diſſipe vos fortunes, & que les adminiſtrations ſont généralement vicieuſes; il me reſte à vous éclairer ſur l'objet le plus important: c'eſt ſur l'article de vos loix.

Mille glaives ſont toujours ſuſpendus ſur vos têtes crédules. Les tribunaux, que vous payez ſi chèrement, ſont nuls pour votre repos, & vous vivez ſous le danger continuel & les iniquités du pouvoir arbitraire.

Si vous avez pu être indifférens ſur vos fortunes, vous ne le ſerez peut-être pas ſur votre honneur ni ſur votre vie. Venez avec moi dans le temple de la juſtice ; examinons les loix que votre *maître* appelle royales, ſages & divines.

§. II. La baſe & la ſolidité des empires n'ont de durée qu'autant qu'elles portent ſur des loix naturelles, ſages & raiſonnables. Ce ſont des fondemens pareils qui aſſureront la durée & l'harmonie de la nouvelle *conſtitution françoiſe*. Elle fait l'admiration de l'univers, parce qu'elle eſt ſubordonnée aux loix de la nature, de la ſageſſe & de la raiſon.

La plus grande partie des loix qui régiſſent le globe n'eſt autre choſe qu'un code royal qui contient des privilèges pour les *nobles*, & des châtimens pécuniaires ou corporels pour la roture. Des brigands élevés aux dignités y outragent les hommes au nom de l'éternel ; c'eſt un amas obſcur

&

& extravagant de ſentences qui ont beſoin de tout l'art de la chicanne pour avoir un air de loi, & une apparence de raiſon (1).

Il eſt bien ſingulier de voir les tyrans entrer dans un pays, y égorger une partie des habitans, brûler les habitations, & s'en approprier les biens ; il eſt bien ſingulier de les voir enſuite vouloir perſuader à ces infortunés qu'ils ne ſont entrés dans leurs domiciles que pour y *apporter des loix*. Tous les rois ont commencé par aſſaſſiner & piller ; comment a-t-on pu enſuite les regarder comme légiſlateurs ?

Liſez toutes les hiſtoires ; vous y voyez

---

(1) Ces obſervations ſur les conſtitutions du roi de Sardaigne m'ont été communiquées par un des meilleurs avocats du pays ; il m'a aſſuré que tous ſes confrères ſont du même avis que lui à l'égard du *code royal*. On ôte ou l'on ajoute quelques loix à ce code chaque fois que le ſceptre change de mains ; de façon qu'en liſant la *conſtitution*, on peut juger du caractère du ſouverain. Il y a une certaine *Chriſtine* qui y a fourni de plaiſans paragraphes pendant ſa régence.

une poignée d'êtres féroces & imposteurs abuser de la crédulité & de la douceur des peuples. Trompée par le mensonge, ou fatiguée par les assassinats royaux, une nation finissoit par se mettre sans restriction dans les mains du despotisme. Vous voyez enfin l'univers être la pâture & l'appanage d'une douzaine d'hommes qui règnent *par miracle*, & non pas, comme ils le disent, *par la grace de Dieu.*

Après leurs conquêtes les rois créent des sénats ou des parlemens; ils dictent des loix; ils nomment des juges; ils dressent des échafauds, & plantent des gibets. Ils ont bien l'attention de se déclarer inviolables, & de ne faire leurs loix que pour contenir leurs sujets; pourquoi ne trouve-t-on pas dans les *constitutions* royales un article contre un prince voleur ou assassin? c'est parce que ce sont les rois, ou leurs valets, qui par-tout ont fait les *constitutions.*

Pour soutenir leurs brigandages, les rois s'associèrent toujours des ministres de religion. C'est au nom de l'Eternel que des prêtres osoient prêcher une soumission aveugle aux ordres des tyrans ; c'est dans les temples de Dieu qu'on osoit encenser l'idole & l'imposture des cours.

Le code Sarde commence, bien entendu, par des loix qui ordonnent de respecter & servir la divinité : vient ensuite l'ordre de respecter les ministres de la religion ; après cela arrivent les loix qui rendent le roi irréprochable & sacré. Il y a un long chapitre sur les citoyens éclairés, sur ceux qui verroient les princes tels qu'ils sont, enfin sur les *séditieux*.

C'est toujours sous le masque de la sagesse & de la clémence que ces *royales constitutions* distribuent aux malheureux des peines pécuniaires, des tourmens, & même la mort.

C'est sous le voile de l'égalité, prêchée dans l'évangile, que l'on y distingue le gentilhomme assassin du pauvre irrité par la faim ou le désespoir. Le premier n'est que renfermé dans une prison, tandis qu'on livre le dernier au supplice de la roue.

On se sert du terme de justice pour ordonner que les filles seront flétries par une espèce d'exhérédation en faveur des mâles. On se dit encore juste en accordant des privilèges à un enfant pour être sorti le premier du néant (1).

On trouve des paragraphes dans ce code royal qui obligent un homme à être délateur, contre les loix de la nature & de l'humanité.

On y autorise des espions qui, sous

---

(1) Les primogénitures ruinent l'état ; elles mettent d'abord une foule de cadets sur les bras de la nation ; il faut les nourrir, les placer & les élever. Elles multiplient de plus les célibataires & leurs vices ; les primogénitures sont par conséquent contre la loi & la religion. Ce droit d'hériter, donné à un seul, est l'image de l'orgueil & de la rapacité du despote qui l'autorise. Mais un des bienfaits de la nature c'est que le mal se punit par le mal même ; & ce sont [illegible] droits d'aînesse qui augmenteront le *déficit* de Turin, & qui rappelleront malgré lui le monarque à une réforme salutaire.

prétexte de ſervir le deſpote, ſervent ſouvent leur vengeance & leurs intérêts. On publie tout cela au nom de Dieu; & ces loix horribles & inconſtitutionnelles mêlent le ſervice divin avec celui des bourreaux.

Après avoir inſulté l'homme dans pluſieurs chapitres, le légiſlateur Sarde finit par inſulter à l'éternel dans un autre. Il y eſt défendu, *au titre troiſième du premier livre*, ſous peine de trois mois de priſon, aux juges, ſyndics ou conſeillers, de tenir tribunal, ni de s'aſſembler pour des délibérations dans les égliſes. Le deſpote ſuppoſe-t-il que la maiſon de Dieu ne ſauroit être un temple de juſtice, ou plutôt regarde-t-il la publication de ces édits comme trop impie pour être faite dans le temple du ſeigneur? L'une & l'autre de ces réflexions ne juſtifient pas le légiſlateur.

Il y a des peines portées contre ceux qui boivent les jours de fêtes; il y en a contre ceux qui font cuire de la viande le carême: mais toutes ces peines ſont pécuniaires.

On échappe à l'enfer moyennant quelques écus donnés au despote.

Les *constitutions royales* portent leur inquisition jusques sur la *communion* & la *confession*; elles invitent les syndics & conseillers de communautés à envoyer chaque année à Turin la liste des dévots, ou plutôt des hypocrites. La cour n'emploie ensuite que ceux des citoyens qui se sont le plus souvent confessés. On doit imaginer à combien d'abus cette pratique ridicule & bigotte doit donner lieu; elle ouvre à tous les *tartuffes* le chemin des grandeurs & des dignités. C'est dans la classe des dévots qu'on choisit les ministres, les espions & les *archers*.

Dans le *titre* sixième, *livre premier*, le législateur défend de graver ou peindre le signe de la croix sur les sépulcres, parce que, dit-il, on pourroit les fouler aux pieds. Eh bien! ce même roi, qui a de tels scrupules, marche & crache sur des tapis qui sont tous garnis de croix; car on sait que la croix blanche est la devise de la maison de Savoie. Au lieu d'une telle obſervation ſur les ſépulcres, un ſage légiſlateur eût plutôt promulgué une loi qui défendît d'enterrer dans les villes & les égliſes.

On trouve une foule immenſe de loix auſſi judicieuſes que celles-là dans les *conſtitutions Sardes*. Il y a un chapitre ſur les épouſailles & les baptêmes. Ceux qui interromproient ces ſaintes cérémonies dans les égliſes paieroient une amende de deux livres s'ils étoient roturiers, & de dix livres s'ils étoient nobles. Voilà le ſeul article où la nobleſſe eſt taxée plus que la roture; mais cette loi eſt plutôt un objet de calcul qu'un effet de l'équité; car les nobles fréquentant moins les égliſes, il étoit de toute néceſſité d'accroître la peine.

Le chapitre *premier*, du *titre huitième*, traite de la ſéparation des juifs d'avec les chrétiens. On y voit un prince bigot accorder le domicile à des hérétiques, mais ſous des conditions inhumaines. Après leur avoir vendu le droit de prier leur Dieu à leur manière, il leur dit, *chapitre ſecond*, *titre huitième*, de chanter leurs prières *d'un ton bas & modeste*. Voilà le roi Sarde devenu le maître de cérémonies dans les synagogues juives. Il est défendu aux juifs de prier devant des chrétiens, sous peine de dix écus d'amende. Il est aussi défendu aux juifs d'avoir des immeubles, & cela pour les engager à changer de religion sitôt qu'ils sont riches. Un juif est puni de mort (*chapitre sixième*, *titre huitième*, *livre premier*) s'il parle mal de la vierge ou d'un saint quelconque. Les *constitutions* défendent ensuite aux chrétiens, de quelque sexe qu'ils soient, d'habiter avec les juifs, sous prétexte de les servir. Enfin, les loix qui concernent la gent juive ont été dictées par l'hypocrisie & l'avarice.

Le second livre traite des juges & des magistrats. Il faut avouer que ces messieurs vont assez bien à côté des juifs ; mais le législateur les y a-t-il placés par raison ou par bonhommie ; je l'ignore. Voici un paragraphe qui peint bien la morgue des rois ; on lit, *titre premier*, *livre premier*, que les préſidens, les ſénateurs & autres juges obſerveront dans leurs fonctions la gravité convenable & analogue à la grandeur du ſouverain qui les a placés. Quelle modeſtie !.....

Il ne faut pourtant pas croire que les *conſtitutions* Sardes ne ſoient que ridicules ; elles ne ſont pas moins barbares ; car on trouve dans le *ſecond livre* un grand chapitre ſur la torture.

Il eſt ſur-tout curieux de lire l'article des crimes appellés *de lèſe-majeſté* ; un ſoupçon ſuffit pour être puni de mort. Cela prouve bien la lâcheté des deſpotes ; ils ſavent, les cruels, que ce n'eſt qu'en entourant leurs palais de gibets qu'ils peuvent en écarter la vengeance !....... Mais l'éternel a parlé ; leur impoſture eſt connue, & les rois ſont jugés.

Tout le code ſarde eſt rempli de prérogatives abſurdes pour la nobleſſe & la cour. En parlant des ventes qui ſe font par criées, il eſt dit, *titre treizième*, *livre cinquième*, que les créanciers qui ne ſe ſeroient pas préſentés pendant les criées, perdront leur hypothèque ſur ces biens; « nous exceptons cependant, dit le roi, » notre procureur-général, agiſſant pour » notre majeſté; & nous déclarons con- » ſerver notre hypothèque malgré la loi ».

Il ſeroit inutile de multiplier les citations pour mettre le lecteur à même de juger les conſtitutions ſardes. Le roi même ne croit pas à ce code royal; car il y déroge tous les jours en faveur de ſes amis ou de ſes valets. Ce ſultan tourne comme il veut les juges & les commandans de ſes provinces; il fait paſſer à ſes ſénats des lettres-de-cachet, & fait mouler un arrêt à ſa fantaiſie.

Voilà les loix d'un roi!.... Habitans du royaume de Sardaigne, comparez-les aux décrets immortels de l'aſſemblée nationale de France! Votre ſultan ſe joue des droits de l'homme, tandis qu'on les publie dans l'empire françois. Sortez de votre aſſoupiſſement; ne vous laiſſez plus avilir par le fanatiſme & l'impoſture des cours.

Voyez combien vos tyrans ſont abſurdes lorſqu'ils oſent vous propoſer de prendre les armes contre la publication des droits de l'homme ! N'eſt-ce pas vous encourager à vous enchaîner vous-mêmes ? n'eſt-ce pas vous dire de porter la tête ſous leur joug barbare ?

Cinq ou ſix tyrans veulent ſe partager l'univers ; ils veulent en bannir les talens & ſur-tout la philoſophie. C'eſt ici la cauſe de tous les peuples ; ils doivent tous lever un bras vigoureux ſur cette race de nobles qui n'ont que l'orgueil & la cruauté pour toutes vertus.

Quoi ! des milliers d'hommes ne ſe laſſeront pas de travailler pour nourrir quelques inſolens ! Peuples , reprenez vos droits ; les forces , les talens , l'induſtrie ſont de vôtre côté , faites-les valoir pour conquérir votre liberté.

Piémontois , Sardes & Savoiſiens , ne rougiſſez-vous pas d'être la ſeule nation qu'on mène à coups de bâton ? L'humiliation dans laquelle vous ont tenus vos

tyrans vous rendroit-elle insensibles ?.....
La liberté promène ses étendarts de toutes parts ; tâchez de la déterminer à en placer un sur les Alpes.

Votre roi se prête lui-même à vos vœux ; il augmente chaque jour son *déficit* ; il met des imbécilles en place ; il humilie les talens ; & de vexations en vexations il rompra bientôt les liens d'habitude qui vous unissent à lui.

Envoi.

§. III. Feu sacré de la liberté ! cri de la raison & de l'humanité ! justice de l'éternel ! voix de Dieu ! hâtez-vous de dissiper les ténèbres dans lesquels sont plongés des peuples infortunés.

Grands de la terre, renoncez à ces erreurs qui flattent votre orgueil ; rendez à l'homme ce que vous lui avez usurpé ; comptez avec la société, ou bientôt la société comptera avec vous. Elevés par l'injustice, l'imposture & le fanatisme, vos palais tombent en ruine ; hâtez-vous d'en ſortir, ou vous ſerez écraſés ſous les débris.

Savoiſiens, Sardes & Piémontois, pourriez-vous de ſang-froid contempler votre malheureuſe ſituation ?......... Hélas ! vous tremblez de déplaire à vos deſpotes ; & quoique vous ſentiez toute l'étendue de vos droits, vous n'oſez pas encore en parler !

Raſſurez-vous, quoiqu'affectant une ſécurité royale, vos maîtres ſont plus tremblans que vous. S'ils s'entourent d'eſpions & de ſatellites, c'eſt moins pour vous punir que pour ſe ſouſtraire à votre colère.

Peuples, dites un mot....... vous verrez bientôt ſe diſſiper les agens de la tyrannie. Vous venez de voir quelques étudians à Turin ſe faire juſtice de quelques hommes en place ; vous les avez vu repouſſer une foule d'eſclaves en uniforme ; ces jeunes héros ont appris aux deſpotes qu'ils ne ſont pas toujours maîtres de violer les loix de la juſtice & de l'humanité (1).

---

(1) Il y a eu, dans le commencement de juin,

Déjà de petits nuages s'élèvent ſur l'horiſon Sarde; déjà les Savoiſiens eſſaient leurs forces; déjà les Piémontois oſent porter un regard de fierté ſur les idoles de la tyrannie. Ces frottemens, quoique légers, ne tarderont pas à produire une commotion électrique. Ces événemens ſont trop dans la nature pour être retardés; il y a trop long-temps que les tyrans abuſent de leur pouvoir, pour ne pas être enfin replongés dans la pouſſière d'où ils ſont ſortis.

A quoi ſervent les deſpotes? Quel bien la ſociété retire-t-elle de cette horde ridi-

---

une ſainte inſurrection à Turin. Les étudians y ont un peu corrigé ce fameux régiment de *Saluces* qui, quelques mois auparavant, avoit aſſiégé un café à Chambéry. Tous les journaux ont fait mention des campagnes honorables de ce régiment, qui fait merveilles lorſqu'il trouve des gens ſans armes, des femmes & des enfans. On peut le ranger à côté du régiment d'*Aoſte*, cavalerie, qui fut hué, battu & débotté à *Montmeillant* par une dixaine de payſans.

cule de nobles qui encensent sans cesse une masse d'orgueil ? Toute une nation ne travaille que pour nourrir une classe d'individus non-seulement inutiles, mais encore dangereux par les vices dont ils font parade. Ces *importans* ridicules osent exiger du respect & de la vénération de la part de ces hommes vigoureux qui défrichent la terre pour leur en offrir le produit.

Hommes utiles ! Laboureurs ! refusez le secours de vos bras à ces élégans insensés qui ne paient vos soins & vos travaux que par le mépris. Abandonnez les grands dans leurs palais dorés ; laissez-les jouir du spectacle de leurs décorations royales. Le besoin les aura bientôt humanisés ; vous les verrez bientôt vous demander une nourriture qu'ils sont incapables de se procurer.

N'est-il pas scandaleux de voir la classe la plus foible, la portion de la société la plus inutile mépriser l'autre ? Cette humiliante division de *nobles* & de *roturiers* fut inventée dans des temps de barbarie, d'ignorance & de calamité. Cela étant, il appartient aux ſiècles éclairés de briſer ces idoles, & de les livrer à l'exécration publique.

Les titres des tyrans & de leurs coopérateurs, ces volumes de parchemin qu'ils gardent dans leurs archives, ſont des preuves d'uſurpation & non pas des titres réels; ainſi ne croyez pas être injuſtes en les frappant de nullité. Celui qui égorgea vos pères n'a aucun droit d'hériter de vos perſonnes; & comme tous ces droits ſont ceux de la force, peuples, reprenez votre tour.

Les deſpotes vous trompent lorſqu'ils vous diſent qu'ils veillent ſur vos propriétés, & qu'ils ne travaillent que pour le bonheur de l'état. C'eſt à la loi qu'il appartient de régir la ſociété, mais non pas à une poignée d'individus qui ne connoiſſent de loix que celles qui autoriſent leurs crimes & leurs vexations.

Nourris d'orgueil, les grands ne connoiſſent pas même les devoirs de la religion dont ils parlent ſans ceſſe; ils regardent

gardent la religion comme une chaîne de plus pour leur asservir des victimes; c'est un ressort de plus dans leurs manoeuvres iniques; c'est un puissant moyen qu'ils usurpent à l'éternel pour régner sur le moral comme sur le physique.

De quelque côté qu'on envisage la société, on ne conçoit pas comment quelques hommes osent se déclarer les maîtres de leurs semblables. Le premier qui vint habiter les forêts de la Savoie; le fugitif inconnu qui vint y chercher sa subsistance, étoit loin de penser que ses descendans porteroient un jour le titre de rois. J'aime à croire que ses vertus lui donnèrent d'abord le titre de chef parmi la poignée de fugitifs qui l'avoient suivi dans la Savoie; mais je ne pense pas que ces hommes lui aient alors donné sur eux le droit de vie & de mort. Suivons la *royale maison de Savoie* dans sa marche; nous ne trouvons dans ses titres que des droits de force, que les crimes de l'usurpation. Pourroit-on nier que ce sont les Savoisiens qui ont porté cette famille sur le trône ?..... Cette vérité est trop palpable pour la contredire ; & l'être le moins clairvoyant conclut de cette vérité, que ceux qui ont construit un palais peuvent le renverser quand bon leur semble.

Le Piémont a des raisons encore plus fortes pour se soustraire au despotisme de la cour. Celui qui occupe le trône y est sans doute entré à main armée ; & le repousser de même ne seroit point un acte d'injustice. Si la cour & les nobles ne ravageoient pas ces riches contrées, le Piémont seroit le jardin de l'Europe ; la verge du *sultan* y a détruit toute émulation, toute industrie, & les vices des grands ont rendu les Piémontois suspects à tous les autres peuples.

Les Sardes paient un roi sans savoir pourquoi. Il est étonnant qu'ils ne l'appellent pas parmi eux, ou bien qu'ils ne renoncent pas à lui faire passer le fruit de leurs sueurs. Quel profit retirent-ils de cette idole ? Que gagnent-ils à partager les honneurs de sujets avec les habitans de Jérusalem ? Les Sardes s'imagineroienr-ils que ce ſoit le nom de *Victor* qui fertiliſe leurs campagnes ?

Je ſuis bien éloigné de prêcher la diſcorde ; je ne cherche qu'à rétablir l'ordre. Il s'agit de ramener les agens des nations à leur devoir. Il faut examiner ce que les hommes ſe doivent entr'eux, & ſe rappeller avec vigueur que les droits des citoyens ne ſont pas au-deſſous de ceux des rois.

Que chacun reprenne ſa place dans la ſociété ; que la loi ſoit au-deſſus de tous ; mais que cette loi ſoit faite pour tous.

J'ai publié l'état de la cour de Sardaigne ; j'ai peint les erreurs des *grands*, la foibleſſe des miniſtres, & la miſère du peuple. Puiſſe ce tableau n'être pas inutile ; puiſſe-t-il corriger les uns & éclairer les autres ! Maintenant ma tâche eſt remplie ; mon ouvrage part, & j'attends. J'atteſte le ciel & les nations que je n'ai eu, dans cette démarche, d'autre but que celui de faire le bonheur de mes ſemblables.

Si le deſpotiſme me rendoit un jour

victime de sa rage, je lui annonce d'avance qu'un millier de flambeaux se préparent dans les atteliers de la philosophie, & qu'une plume de moins ne retarderoit pas la chûte des tyrans.

Les usurpateurs fondèrent jadis des chapelles pour accaparer & entretenir la crédulité du vulgaire : maintenant on dresse des imprimeries pour éclairer ces mêmes hommes qu'on trompoit si cruellement; & ce seroit faire tort à l'humanité que de penser que la vérité ne triomphera pas du mensonge.

CHAPITRE IV.

Portraits des Princes de la Maison de Savoie.

SI un individu étoit libre, ce seroit sans doute par sa vie privée qu'on pourroit juger son caractère & son génie : mais, trop gêné par les circonſtances, un homme eſt rarement lui-même ; & le maſque de la diſſimulation nous cache preſque toutes les phyſionomies.

Cette diſſimulation, preſque générale, eſt un devoir pour le plus grand nombre des hommes ; elle n'eſt que fineſſe pour les gens de haut parage.

Le maſque des cours eſt par-tout le même ; celui qui ne voit un prince *qu'en paſſant* le trouve, à coup ſûr, affable, juſte & généreux. Il n'en eſt pas de même de l'obſervateur adroit qui, à portée d'en étudier la vie privée, ſait ſaiſir & diſtinguer les nuances qui montrent le prince comme *homme*, & l'homme comme *prince*.

J'ai vu les cours. Elevé dans de vieux & ridicules préjugés, j'ai dans un temps recherché avec avidité ces futiles honneurs qu'on croyoit jadis attachés à l'approche des princes. Aveuglé par ces mêmes préjugés, il me fallut long-temps pour oſer fixer des monarques ; mon ame étonnée s'extaſioit à leur vue, & mes lèvres tremblantes leur balbutioient des éloges.

Cette timidité n'eut, il eſt vrai, qu'un court eſpace de durée. Je vis à la ſeconde converſation que ſi les princes ſe mettent au-deſſus de nous par leurs privilèges, leurs connoiſſances les mettent bientôt au-deſſous par une juſte & ſalutaire compenſation.

Enhardi par ces réflexions, je vins au point d'être inſenſible à l'éclat impoſant de la cour : j'oſai porter mes regards dans la vie privée de ces idoles dont le public ne connoît que les décorations.

Voici le réſultat de mes obſervations ſur la cour de Sardaigne ; les portraits que je publie ſerviront à prouver que l'éducation des princes eſt plus négligée qu'on ne penſe. On verra que les ſommes immenſes qu'on diſtribue à leurs hypocrites inſtituteurs ſont généralement mal employées. Commençons les portraits, & chacun d'eux nous fournira des preuves de ce que j'avance.

Portrait de Victor Amédée III, régnant.

Ce roi naquit le vingt-six juin 1726. Il fut nommé duc de Savoie. Son éducation fut des plus négligées. *Charles-Emmanuel* son père, ne s'occupant qu'à faire briller sa politique au-dehors, employoit tous les gentilshommes instruits à des objets qui pussent remplir ses vues de ce côté, ou à remplir ses coffres. *Victor* ne fut entouré que de quelques vieux militaires, ou de quelques *ex-présidens* que l'âge ou l'incapacité avoit fait déplacer.

Ses premières études se portèrent vers l'art militaire; mais comme les mathématiques ne sont ni faciles ni amusantes, il porta ses recherches sur la variété, la couleur & le mode des uniformes. Dès que son goût fut connu, les peintres & les sculpteurs s'empressèrent à faire des tableaux représentans des généraux & des soldats colorés. Bientôt les appartemens n'offrirent plus à l'oeil du duc de Savoie que des décorations militaires....... Une guerre qui survint en Italie, & à laquelle le roi *Charles* & toute sa cour assistèrent, diminua un peu la passion militaire du duc; il ne trouva pas la réalité aussi plaisante qu'il se l'étoit promis dans ses études. Cela fait infiniment honneur à son caractère; l'aspect des cadavres épars sur le champ de Mars, les cris des blessés lui firent sentir que la guerre est un fléau plutôt qu'un amusement.

Quoique jeune, il marcha toujours à côté de son père; mais on ne put venir à bout de lui donner ce caractère féroce & sanguinaire qui est ordinairement le plus grand mérite des rois.

Charles étoit à la tête de ses armées; reste à savoir si la superstition n'étoit pas le plus grand mobile de son courage; ce qui le prouveroit, c'est que la maison de Savoie croit avoir dans l'habit de *Saint-Maurice* un vêtement invulnérable. Mais sans blesser la religion, on peut assurer que les casques & les cuirasses n'ont pas besoin de venir de Saint-Maurice pour mettre celui qui les porte à l'abri du coup de ſabre. *Charles* fut peu ſatisfait de ſon fils pendant que dura cette campagne, parce que le prince, plus humain que ſon père, ne trouva pas les aſſaſſinats de ſon goût. Voici un trait qui contribua le plus à diminuer l'amitié du roi pour le duc de Savoie.

En revenant ſur ſes pas, après une bataille, *Charles* contemploit les champs où Mars avoit déployé ſes fureurs; des milliers de ſoldats étendus ne cauſoient aucune émotion au monarque; il continuoit ſa route en ſilence, lorſqu'appercevant quelques chevaux morts, il ſe mit à crier *poveri cavalli*. *Victor* ne put ſe contenir, il laiſſa échapper quelques ſignes de ſurpriſe; & dès-lors ſon père l'abandonna à ſes gouverneurs, ſes aumôniers & ſes écuyers.

Le duc de Savoie crut devoir s'occuper d'autres objets que de ceux de la guerre. Il ſe fit apporter des livres de loix, & projetta de travailler à un code qu'il publieroit lors de ſon avénement au trône.

L'intrigue se hâta d'abord d'approcher le duc de Savoie ; comme l'usage est que les plus ignorans sont les plus adroits en cabale, le duc ne fut entouré que d'avocats imbécilles & de juges ignares. Quelque forte que fût son envie d'apprendre, il ne put rien comprendre aux livres de droit ; & ses maîtres étant des sots, il ne put devenir savant dans ce genre.

Il est à propos d'observer que ce prince étoit généreux à l'excès ; aussi ceux qui l'entouroient s'appliquoient-ils à entretenir cette passion ; ils ont fini par en faire un prodigue.

Des convenances politiques lièrent le duc de Savoie à une princesse espagnole. Quoique peu douée des charmes de la beauté, son épouse lui plut à l'excès ; & depuis le jour de la nôce les mariés ne firent qu'un lit.

La fière espagnole fut d'abord effarouchée de la facilité avec laquelle le duc recevoit des robins chez lui. Mais *Victor* eut bientôt calmé la Castillane en lui faisant ſentir que l'orgueil & la magnificence n'étoient pas les derniers motifs de ſon apparente familiarité ; & puis le contraſte qu'il falloit mettre entre la vie du père & celle du fils.....

Les prodigalités du duc ne manquèrent pas de remplir ſon palais d'adulateurs ; ſa facilité à donner de l'argent lui amena une foule de ces miſérables nobles de campagne qui n'ont pour tout bien qu'une vieille épée, une poignée de parchemins, & un reſte d'habit de velours. Sa penſion ne ſuffiſant pas à ſes dépenſes, ſon épouſe faiſoit venir des piaſtres d'Eſpagne. Il arrivoit même ſouvent à ce prince de faire porter des bijoux chez les juifs, pour ſe fournir de quoi ſatisfaire à ſes libéralités mal entendues.

Un officier eut un jour la meſquinerie d'accepter une tabatière du duc pour l'aller mettre en gage. Le roi *Charles* en ayant été inſtruit, lui dit à table : « *Savoie, donne moi du tabac* ». Victor embarraſſé ſe trouva ſans tabatière ; & ſon père, qui l'avoit fait reprendre chez les juifs, lui donna une leçon d'économie en lui rendant la boîte. Ce qui mortifia le plus le duc, c'eſt que la tabatière étoit un cadeau de ſon père, & qu'elle étoit ornée de ſon portrait.

De tels faits prouvent ſans doute la ſenſibilité & le bon cœur du prince; mais l'héritier d'un trône doit s'habituer de bonne heure à l'économie, parce qu'il n'a point de propriété, & que ſes revenus ſont tirés des travaux, des ſueurs & des dons du peuple. Il ne doit jamais oublier que ſes prodigalités ſont autant d'injuſtices, & qu'il ne donne jamais à l'un ſans ôter à l'autre.

On n'a point d'intrigues galantes à reprocher à Victor pendant la vie de ſon épouſe; ce n'eſt pas qu'il n'eût un cœur paſſionné; mais ſa femme, jalouſe en Eſpagnole, ne le quittoit jamais, & avoit l'art de ne s'entourer que de femmes aſſez laides pour ne pas éveiller l'amour.

Quoique bon, *Victor* étoit vif & un peu entêté. Un jour le *comte Bougin*, miniſtre de ſon père, lui apporta un édit qui n'étoit pas de ſon goût ; le duc le reçut durement, & finit par lui donner un coup de pied en le chaſſant de ſon appartement. Le miniſtre s'en plaignit ; le roi condamna ſon fils à quelques jours d'exil dans une de ſes terres. La ducheſſe voulut que ſon époux n'eût point de tort ; elle ſe plaignit à ſon tour au roi *Charles* de ce qu'un miniſtre trouvoit mauvais qu'un prince l'*honorât* d'un coup de pied. Elle menaça la cour Sarde de ſe retirer en Eſpagne ſi on puniſſoit ſon mari ; & comme *Charles* aimoit les piaſtres, *Bougin* garda ſon humiliation & ſon coup de pied.

La princeſſe de Carignan parut enfin à la cour de Turin, & le duc ne la vit pas avec indifférence. L'eſpagnole s'en apperçut ; auſſi voua-t-elle une haine éternelle à la famille Carignan, & fit-elle tout ce qu'elle put pour la dégoûter de la cour.

Charles Emmanuel mourut, & *Victor* monta ſur le trône. Alors tous les miniſtres furent changés ; les courtiſans du prédéceſſeur furent chaſſés, & les gens du duc prirent place autour du trône.

Je l'ai dit: Victor, étant facile, s'étoit entouré d'ignorans. L'Eſpagnole profita de l'empire qu'elle avoit ſur ſon mari; elle prit les rênes de l'état.

Le luxe vint régner à la cour; d'abord on s'empreſſa d'enrichir les vêtemens des officiers de l'armée & des valets du palais. On ſe mit à tout réformer; chaque jour amenoit un nouveau changement, de nouveaux ſots à placer, & de nouvelles dépenſes à faire.

C'eſt ainſi que *Victor* s'eſt ruiné; qu'il a dévoré ſes états, & qu'il s'eſt endetté de toutes parts.

Ce que je viens de dire prouve que *Victor* eſt foible, & qu'il a toujours cédé aux impulſions de ceux qui l'ont entouré; car, auſſi-tôt qu'il fut ſur le trône, il y parut avec une hauteur & une fierté qu'on ne lui avoit jamais connues. Il eſt même dur par fois; ſes valets, nobles ou roturiers, ſont ſouvent victimes de ses emportemens. Il s'oublia un jour au point de donner publiquement un souflet à un garçon de sa cuisine, qui coupoit des fleurs dans le jardin royal. Il est vrai qu'il paya le souflet dès que sa colère fut passée; car le cuisinier reçut de sa majesté une pièce de vingt-quatre livres.

Arrivé sur le trône, Victor reprit le goût du militaire avec plus de chaleur qu'auparavant. On changea les uniformes; on créa des centaines de places de généraux. Sans augmenter le nombre de ses soldats, il créa plusieurs régimens; il permit à tous ses officiers de porter chapeau sous le bras, & de faire les petits maîtres.

Il donna plus de force au gouvernement militaire; & ses études passées sur le droit furent nulles pour son peuple.

Chaque jour voyoit changer un ministre ou un intendant; on ne corrigeoit une sottise que pour en faire une autre: voilà les sources du déficit actuel.

La reine mourut; le roi en fut vraiment

affligé. La *Carignan*, qui étoit veuve, & qui se rappelloit l'effet que ses charmes avoient produit, parut d'abord à la cour. Elle vint faire ses complimens de condoléance...... Ses vêtemens de deuil, ses appas, ses tête-à-tête avec le roi, tout cela prenoit à merveille; mais les courtisans parurent, & rompirent le projet qu'avoit formé madame de Carignan de devenir reine.

On vint de nouveau à bout de dégoûter la princesse de la cour; & pour distraire sa majesté, on lui procura une maîtresse. Il avoit encore la même l'année passée; ce n'est pas cette intrigue qui a occasionné le déficit; car Victor en est quitte pour continuer au mari de sa bien-aimée une place d'écrivain à la chambre des comptes, place qui vaut sept cents livres.

A part cette foiblesse, le roi est très-dévot; il ne donne les places & les dignités qu'à ceux de ses sujets qui feignent aussi de l'être.

Victor a l'orgueil de vouloir être maître; tout en obéissant à ses gens, il croit que tout cède à sa puissance. Cependant il n'y a pas une

une cour où le monarque ſoit auſſi eſclave des étiquettes ; les jours d'audience il lui eſt défendu de s'aſſeoir, comme ceux qu'il reçoit ; il ſe tient tout le jour debout.

Son père étoit déjà ſoumis à cette ridicule coutume ; quoique ſur la fin de ſes jours il eut les jambes foibles & enflées, il tenoit ſes audiences debout. Un bon & vieux militaire de Savoie paya cher la non-obſervation de cette étiquette ; ce gentilhomme étant chez le roi, & ne pouvant ſoutenir la ſéance debout, crut pouvoir dire au roi : *ſi nous étions aſſis, nous ſerions beaucoup mieux*. Mais ſa majeſté appella ſes valets ; un conſeil fut aſſemblé, & le brave général ne fut ſouſtrait à une grande punition que parce qu'on le fit paſſer pour fou.

Voilà les rois ! voilà de quelle manière les défenſeurs de leur trône ſont récompenſés ! voilà la juſtice royale !

Revenons à Victor ; il a toujours été bon père, & ſes enfans ſont encore aujourd'hui ſes plus chères délices.

Il a eu une nombreuſe famille. Deux

de ses filles ont épousé deux Bourbons; une autre est mariée au duc de Chablais son frère, une est morte en Allemagne. Ses enfans mâles sont le prince de Piémont, le duc d'Aoste, le duc de Montferrat, le duc de Génevois & le comte de Maurienne.

Le bailli de Saint-Germain & le cardinal Gerdil présidèrent à l'éducation du prince de Piémont, ainsi qu'on le verra dans le portrait de ce prince.

Les autres princes ont été élevés par un avocat radoteur appellé *Pisceria*; par un théologien appellé *Saint-Marcel*, & par un certain chevalier *de Salmour*. Ceux qui ont fréquenté cette cour savent ce que ces messieurs ont enseigné à leurs élèves; ce qu'il y a de sûr, c'est qu'ils n'ont pas été aussi heureux en instituteurs que leur frère le prince de Piémont.

Le roi n'a d'autre tort, à cet égard, que de s'être laissé tromper par ceux qui disposent des places. Je le répète, il aime beaucoup ses enfans, & les a à ses côtés le plus souvent qu'il le peut. Ils mangent tous ensemble, & ne font pas comme dans d'autres cours, où l'on met autant de tables qu'il y a d'altesses.

Le résultat de ce portrait est que Victor est bon, foible & prodigue. A ces foiblesses royales, se joint une dose de fierté espagnole; ainsi il n'est pas étonnant que ce prince ait presque toujours eu de mauvais ministres, des officiers insolens, des juges ignorans & beaucoup de dettes.

Ses amusemens sont la chasse comme dans les autres cours; mais il ne chasse que par ton & non pas par plaisir. Ce n'est que par un reste d'habitude royale que ses chiens mangent le pain du pauvre.

Victor est très-familier avec ses valets de pied; ces messieurs sont de plus sûrs protecteurs que les laquais gentilshommes.

Cette cour passe sept à huit mois à la campagne; c'est-là que le roi s'occupe de changer les gens en place pour s'amuser; c'est dans ce temps qu'il fait les gentilshommes de chambre, les chevaliers de

Saint-Maurice & les colliers de l'ordre.

Au ſujet de ces colliers de l'ordre, il a ſouvent de grands débats avec les ſeigneurs de ſa cour. Sa bonté lui fait quelquefois promettre le collier à des intriguans qui n'ont pas tous les quartiers de nobleſſe requis; on fait de vives repréſentations à ſa majeſté, & ſouvent ſon protégé n'eſt pas admis. Lorſque l'ex-miniſtre *Perron* (1) eut perſuadé au roi qu'il méritoit le collier de l'*annonciade*, les membres de l'ordre s'aſſemblèrent, & trouvèrent que les parchemins de monſeigneur Perron n'étoient pas aſſez uſés. Le roi, ne pouvant inſiſter contre les règlemens, ſe concerta avec le prétendant; on convint que le miniſtre feroit le malade; un médecin fut mis dans le complot, & le bruit courut dans Turin que Perron ſe mouroit. *Victor* aſſembla de nouveau le congrès; il fit valoir les

(1) Il étoit miniſtre des affaires étrangères; il eſt le frère du gouverneur de Chambéri, contre lequel les Savoiſiens ont une ſi forte dent,

ſervices de ſon miniſtre ; trompées par une fauſſe maladie, les excellences permirent enfin au roi de porter lui-même le collier à M. de Perron. Celui-ci ne fut pas long-temps à ſe rétablir ; il parut décoré, & les jaloux ſe mordirent les lèvres.

Ami chaud dans quelques circonſtances, *Victor* eſt de même chaud dans ſes inimitiés. S'il en veut à quelqu'un, il n'y a plus de reſſources pour lui ; l'innocent même n'eſt plus admis à ſe faire entendre, dès qu'une fois la cabale l'a éloigné du trône.

Ce prince a l'idée que les hommes gros & grands ont plus d'eſprit que les gens maigres : auſſi voit-on peu d'individus fluets occuper les places. J'ai vu le roi refuſer de vouloir conférer avec un de ſes ſecrétaires, parce qu'il n'avoit pas une haute taille. Cette opinion eſt d'autant plus ridicule chez le roi Sarde, qu'il n'eſt pas lui-même fort gros, & que tous ſes enfans ſont minces. Avec une telle idée, ce monarque devroit toujours puiſer ſes miniſtres, ſes juges, ſes intendans & autres agens, dans le quartier des cent-ſuiſſes.

La cour du roi eſt aſſez brillante; la vie des princes eſt monotone. Tout ce que j'ai dit, dans ce portrait & dans le reſte de l'ouvrage, ſuffit ſans doute pour peindre le roi de Sardaigne. Plaignons-le d'être ſi facile, ſi foible & ſi prodigue.

Aveuglé par ſes courtiſans, ce ſouverain ne cherche point à réformer les abus qui fourmillent dans ſes états. Il ne ſonge qu'à augmenter ſes forces oppreſſives. Il croit trouver dans les mauvais conſeils de d'*Artois* des moyens de payer ſes dettes, & de tenir ſes ſujets dans les fers. Mais *Victor* s'aveugle; le temps de lumières eſt arrivé, & les peuples ſont inſtruits.

Ce n'eſt déjà qu'avec peine que les Piémontois voient s'augmenter les impôts pour penſionner à Turin la famille de ce d'*Artois*, qui, dit-on, a achevé de diſtraire *Victor* de ſes devoirs de ſouverain.

Portrait du duc de Chablais, frère du roi.

Le duc de Chablais reſſemble peu à *Victor*; car l'un eſt prodigue & l'autre eſt avare; l'un eſt populaire & l'autre ne l'eſt point : le caractère de ce prince eſt un mélange d'Allemand & de Piémontois.

Le roi *Charles* ſon père l'aimoit beaucoup plus que Victor (1): auſſi lui laiſſa-t-il en mourant un patrimoine qui lèſe infiniment les intérêts de l'aîné.

Ce prince s'amuſe au commerce; il ſe mêle de toutes ſortes d'entrepriſes, mais toujours en ſecret; car un particulier qui dévoileroit les affaires de *ſon alteſſe* à ce ſujet ſeroit puni à coup ſûr. On ne donneroit pas impunément le nom de *marchand* à un gentilhomme de cette claſſe.

Il y a infiniment plus d'ordre dans ſa

(1) Le roi *Victor* & le duc de Chablais ſont tous deux fils du roi *Charles*; mais ne ſont pas du même lit.

maiſon que dans celle du roi ; ſon économie a pénétré les plus petits détails, & ce n'eſt pas un mal (1).

Ce duc a épouſé une des filles de ſon frère ; & ce qu'il y a de remarquable, c'eſt que la cour de Rome ne s'y eſt point op-

---

(1) Pour rendre cela plus intelligible, il eſt à propos d'inſtruire le lecteur de l'adminiſtration des cuiſines du roi de Turin. Tout ce qui tient à la cuiſine, à la cave ou au grenier, eſt en uniforme de cour ; & chaque *marmiton* a des appointemens divers. Il y en a une infinité qui n'ont que deux deniers, c'eſt-à-dire, un *picaillon* de ſolde par jour ; d'autres en ont le double, ainſi de ſuite juſqu'aux chefs qui ont ſix ou ſept cent livres...... Malgré la petite ſolde, ces places ſont très-courues, & les *tours de bâton* ſont tels que le cuiſinier qui n'a qu'un *picaillon* par jour entretient ſa femme & ſes enfans aiſément. Ces gens-là pillent dans la cuiſine tout ce qui leur tombe ſous la main ; dès que le chef eſt abſent, ils ôtent le rôti de la broche, & le gliſſant ſous leur habit le portent chez eux ou chez un acheteur. Ils ont toujours les poches pleines de beurre & autres comeſtibles ; auſſi les diſtingue-t-on facilement

posée. La même année que se fit ce mariage, les sénats Piémontois en cassèrent deux ou trois faits entre oncles & nièces; on mit les épouseurs en prison, & Sa Sainteté les excommunia comme roturiers, & non faits pour des indulgences de cette nature. Il faut avouer que c'est bien par ces inconséquences que le peuple a perdu ce reste de vénération que lui conservoient encore quelques crédules individus. Quelle idée peut-on se faire d'un pape qui vend une nièce à son oncle, & qui dit toujours: *sans argent point de salut*?

Le duc & la duchesse n'ont point d'enfans. Cette aimable princesse a, dit-on, toujours vu son *oncle* dans le duc; il eût sans doute mieux valu pour elle que cet époux eût

---

à leurs habits rouges placardés de graisse. Le duc de Chablais, en montant ménage, ne voulut point tolérer de telles fripponneries; il donne des gages honnêtes à ses gens, & celui qui est pris à voler quelque chose dans sa cuisine est chassé.

pu ſe montrer amant. Le roi n'eſt pas fâché de leur non-fertilité, parce qu'il a beaucoup d'enfans, & qu'il eſt très-embarraſſé pour les patrimoines.

La vie privée du duc n'offre rien de frappant; il a ſes eſpions pour ne rien ignorer de ce qui ſe paſſe entre les miniſtres & les courtiſans du roi; il va à la chaſſe, à la meſſe & à la cour.

Il ſe rend par fois en Savoie pour y prendre avec ſon épouſe les eaux minérales. Mais ce qu'il y a de certain, c'eſt qu'il n'aime pas les Savoiſiens; car il fait apporter du Piémont juſqu'au beurre, au ſel & au lard qu'il faut pour ſa cuiſine. Il n'y paroît qu'entouré de ſeigneurs de Turin; il regarde la Savoie comme un pays de mauvais ſujets, & cette alteſſe eſt, comme *Bender*, du ſentiment que les canons ſont la meilleure raiſon des princes.

Ses écuyers favoris ſont tous altiers. Il n'y a rien d'auſſi plaiſant que de les voir autour de lui ; ce prince ſalue le premier d'un coup de tête ; celui-ci le rend gravement à ſon voiſin qui le fait courir ; & de ſalut en ſalut le coup de tête paſſe juſqu'aux cuiſines.

Dans ce pays-là, ce ſont toujours des officiers qui ſont écuyers, donneurs de main, piqueurs, maîtres-d'hôtel, &c..... Son premier gentilhomme eſt le colonel de *Saluces*, infanterie ; il fait ce qu'il veut de ſon régiment ; & quoique perſonnage de cour, il ne ſe paſſe pas un jour qu'il ne ſe donne le plaiſir de faire paſſer un ſoldat par les verges.

Le duc a pour ſecrétaire & conſeiller un certain *Paget*, qui n'a d'autre mérite que celui de connoître toutes les égliſes, de courir toutes les meſſes, & de ſe trouver à la table de communion avec tout le monde. Ces ſaintes grimaces lui ont gagné l'eſtime de la cour, & ont valu à l'abbé *Paget*, ſon frère, l'évêché de Genève, ou plutôt celui d'Annecy.

Portrait du prince de Piémont.

Charles-Emmanuel-Ferdinand-Marie, prince de Piémont, naquit le 24 mai 1751. C'eſt lui qui eſt l'héritier du trône de Sardaigne.

Avant que de parler de ce prince, il n'eſt pas inutile de remarquer qu'il eut pour inſtituteur le cardinal *Gerdil*. C'eſt cet honnête eccléſiaſtique qui lui inſpira de bonne heure l'amour des lettres, une piété ſincère, & qui le détourna de cet engouement irréfléchi que la cour a pour tout ce qui tient au militaire.

Il aime tendrement ſon père, ſon épouſe, ſes frères & ſes ſœurs. Il eſt doux, humain & compâtiſſant; ſa dévotion n'eſt point la *cagoterie*; & ſi des faux dévots le trompent, on ne doit imputer ſon erreur qu'à la droiture de ſon ame.

Le bailli *Saint-Martin*, de *Saint-Germain*, eſt ſon premier écuyer & ſon homme de confiance. Il ſeroit à deſirer que les rois eussent toujours eu de tels hommes à leur côté. Ce bailli est très-instruit ; & j'ai été souvent témoin de sa douleur lorsqu'il voit de certains intriguans abuser de la bonne foi de *Victor*.

Le prince de Piémont, trompé par les apparences, ou égaré par des reproches mérités, n'aime pas ces sociétés connues sous le nom de *franche maçonnerie*. Ceci ne prouve rien ni contre ses lumières ni contre son intégrité ; car nous ne pouvons pas nous dissimuler que beaucoup d'écervelés n'aient souvent déshonoré ces agrégations utiles. Le prince n'étant point à portée de juger tous les maçons, en a jugé par quelques individus ; il y a vu des *faiseurs d'or*, des *imbécilles*, des *escrocs* se décorer du titre de *francs-maçons* ; & c'est par eux qu'il a jugé toute la société.

Sa tendresse pour son père le force à cacher son mépris pour les grands qui sont le plus en faveur à la cour. Il se dispense d'assister aux royaux congrès, parce que l'expérience lui a appris que c'est toujours le plus impertinent qui fait paſſer ſa motion ; & que les intérêts du peuple y ſont ſouvent traités ſans pudeur comme ſans religion.

Embarraſſé dans un pas gliſſant, le roi lui témoignoit ſes inquiétudes ſur ce que les affaires de l'état alloient fort mal. *Victor* lui demanda un jour ce qu'il penſoit à ce ſujet, & d'où il croyoit que cela pouvoit venir ? *Sire*, répondit le prince de Piémont en montrant ſa montre, *voyez, elle va toujours bien ; mais c'eſt parce que je la règle moi ſeul.* Le roi comprit le vrai ſens de la réplique ; mais il n'en fit ni ſon profit ni celui de la nation ; il ſe contenta de faire la mine à ſon fils.

Dans le principe de la révolution, le prince de Piémont fut conſulté par le roi ſur les affaires de France, & ſur l'état politique de toute l'Europe. Il entendoit ſi bien le mot de *liberté*, qu'il dit pour toute réponſe : *ceux qui ont envie de régner n'ont qu'à ſe dépêcher.* Cet homme ſage prévoyoit déjà que les nations ſont trop éclairées pour tomber dans les piéges que leur tendroit l'ariſtocratie. Philoſophe lui-même, il ſait juſqu'où conduiront la philoſophie, l'égalité, la douceur, l'humanité & la raiſon.

C'eſt toujours à ſon grand regret qu'il voit ſon père s'occuper entiérement du bureau de la guerre pour abandonner les autres branches de l'adminiſtration publique. Ses repréſentations étant nulles, il gémit en ſecret, lorſqu'il voit donner une lieutenance de grenadiers à un enfant noble qui eſt encore entre les mains des gouvernantes & des inſtituteurs. Il ſouffre de voir renvoyer dans leurs foyers des capitaines & des majors à l'âge de trente-ſix ans ; enfin il ne ſemble dégoûté du militaire que par le déſordre qui règne dans cette utile adminiſtration. Son ame ſenſible ne peut ſe défendre d'un ſentiment d'horreur & dindignation, lorſqu'il voit que les punitions, les réprimandes & le travail ne ſont diſtribués qu'aux ſoldats, tandis que les officiers ſe livrent aux vexations, à la débauche & à l'oisiveté avec une scandaleuse impunité.

Il y a trois mois que, sans le prince de Piémont, la cour de Turin alloit commettre la plus criante injustice contre le régiment de la *Marine*, infanterie. Ce régiment étoit en garnison à la citadelle ; & contre l'ordre le ministre vouloit lui faire passer encore deux autres années dans un fort. Quelques officiers ameutèrent & soulevèrent leurs compagnies pour s'opposer à l'ordre du départ, & pour demander une autre garnison. Cela prit à merveille ; car au lieu de suivre la route, une compagnie de grenadiers entra dans une église, & protesta contre les ordres de sa majesté (1). Le roi, instruit de cette insubordination, n'écouta que son orgueil *royal* ; il dit de faire avancer des troupes, de dé-

---

(1) Il y a quelques années que les églises étoient un asyle pour les criminels & les déserteurs ; maintenant ils n'y sont en sûreté que pour trois jours. C'est encore un grand mal ; car les moines pié-

sarmer

fermer la compagnie, & d'en pendre la plus grande partie. Le prince de Piémont courut à son père; il lui prouva que si quelqu'un devoit être puni, c'étoit les officiers. Alors le roi, qui aime beaucoup l'officialité, fit grace à la compagnie, moyennant quelques jours de prison. On voit pourtant que sans un prince juste de malheureux soldats alloient être punis de mort pour avoir eu l'imprudence de se prêter au caprice de deux ou trois jeunes officiers. Soldats, comment osez-vous porter les armes sous de tels drapeaux? comment vous a-t-on amenés à ce degré d'humiliation qui vous ôte la connoissance de vous-mêmes; qui vous fait respecter des individus injustes & cruels, & qui vous porte à tourner vos armes contre vous?

Toutes les fois que les Savoisiens ont

---

montois ont assez de ces trois jours pour déguiser des scélérats, & pour les soustraire à la loi. C'est encore un reste du régime hypocrite Espagnol & Romain.

voulu ſe récrier contre les vexations de leurs gouverneurs, c'eſt le prince de Piémont qui a empêché qu'on ne réduisît leurs chaumières en cendres. L'intention de la cour a toujours été d'employer la force, la cruauté & les bourreaux contre les plaintes de la nation. Ces crimes affreux ſeroient déjà conſommés ſans ce prince équitable & bienfaiſant.

Sans ce prince, le miniſtre *Graneri* ne ſeroit déjà plus en place; les courtiſans féroces & ignorans l'auroient déjà culbuté; & le bureau des affaires internes ſeroit régi par quelque frippon ſtupide, ou quelque robin vendu à la caſte oppreſſive. Le comte & commandeur *Graneri* eſt non-ſeulement un galant homme, mais encore un miniſtre inſtruit, & un ami de la juſtice & de l'humanité.

Un prince qui ſe connoît en bons miniſtres fera à coup ſûr un bon monarque. Il eſt vraiment fâcheux qu'il ſoit ſans enfans; car il eſt probable qu'il ne les abandonneroit pas à l'éducation ordinaire.

Le résultat de sa vie privée est qu'il souffre de voir des sots en place, des frippons respectés, & le mérite outragé. Ce prince, toujours occupé de bienfaisance, prend peu de part aux plaisirs de la cour. Les nobles de Turin l'appellent l'*hypocondre* ; & moi je me fais un devoir agréable de le nommer le *juste*. J'eusse desiré n'avoir à faire que des portraits de ce genre ; mais j'ai promis de dire vrai ; je ne dois & ne peux employer que des couleurs analogues aux sujets qui sont à peindre.

Portrait du duc d'Aoste.

Ce prince est né le 24 juillet 1759. Il s'est marié à une autrichienne le 25 avril 1789. La naissance des princes est très-connue en Piémont, parce qu'elle devient chaque année un jour de grande fête. Celui-ci s'est marié à cause de la stérilité de la sœur du roi de France, épouse du *prince de Piémont*. S'il est pourtant permis de faire des calculs physiques sur la fertilité des familles, il est probable que le duc d'*Aoste* n'aura pas plus de progéniture que son frère & son oncle le duc de *Chablais*.

Le duc d'Aoste est à-peu-près du caractère du duc de Chablais. Il incite toujours son papa à user de violence envers le peuple ; il a peur que le mot *liberté* ne voyage en Piémont.

Il aime beaucoup le militaire, c'est-à-dire, qu'il protège infiniment les officiers. Sa vie privée n'a encore rien de particulier. Le clergé ne devroit pas beaucoup l'aimer, par la raison que c'est sur les biens du clergé qu'on a pris son patrimoine.

Je ne sais comment le *pape* s'arrange ; mais il ne dit mot à mesure que le roi de Turin lui coupe les ongles ; & les opérations des François le font crier comme un diable. Puisque nous suivons tous la même religion, il doit être permis aux François, aussi bien qu'au roi de Sardaigne, de s'approprier les biens jadis uſurpés par des moines impoſteurs ou des abbés cagots. Ah ! Saint-Père, puiſque vous ne criez que quand bon vous ſemble, on ne vous écoutera que quand on voudra.

Portrait des trois autres Princes.

Le duc de Montferrat reſſemble beaucoup au roi de Sardaigne. On n'a rien à dire de lui ni pour ni contre ; ſon éducation a été très-négligée.

l veut qu'on le marie à toute force.

Le duc de Génevois eſt le plus alerte ; il eſt plus gai ; mais il a eu malheureuſement les mêmes inſtituteurs que le précédent.

Le comte de Maurienne ſeroit peut-être auſſi alerte que le *duc de Génevois*, s'il n'étoit pas ennuyé des leçons du radoteur *Salmour*, & du *latiniſte Saint-Marcel.*

Ce qui prouve la mauvaiſe éducation qu'ont reçue ces trois princes, c'eſt l'étonnement où fut toute la cour lorſqu'elle vit les fils du comte d'*Artois* à Turin ; plus jeunes que les princes de Savoie, ces enfans ſurprirent le roi & les courtiſans par leur fineſſe, leur eſprit & leurs connoiſſances.

Les trois princes que je viens de nommer n'ont appris juſqu'à ce jour qu'à reſpecter les moines, ſaluer les prêtres, & garder un maintien catholique dans les égliſes. C'eſt déjà bien quelque choſe que tout cela ; mais on pourroit, ſans être hérétique, ſavoir quelque choſe de plus.

Portrait des princeſſes de la cour.

Adélaïde-Clotilde-Xavière de France, princeſſe de Piémont. Elle eſt ſœur de Louis XVI ; elle s'eſt attirée l'amitié de la cour par ſon aptitude à apprendre le piémontois.

Elle aime beaucoup ſon mari ; elle en eſt affectueuſement payée de retour ; mais ils ſont encore ſans héritiers.

Marie-Thérèse de Lorraine-Autriche, duchesse d'Aoste ; elle est jeune & jolie.

Marie-Anne-Caroline-Gabrielle de Savoie, femme du duc de Chablais. Comme son mari est aussi son oncle, elle le respecte infiniment.

Ces trois princesses sont jolies & aimables ; mais je crois que le sérieux de la cour de Turin ne les amuse pas.

Marie Félicité, née le 19 mars 1730 ; elle est sœur du roi. Victime de l'orgueil de Charles-Emmanuel, elle est fille. Ce monarque ne vouloit donner sa fille qu'à des têtes couronnées ; & comme tous les rois se trouvèrent pourvus dans le temps des beaux jours de cette princesse, elle resta à Turin.

Les moines lui ont fait croire qu'il falloit les enrichir pour pouvoir se nicher en paradis. Elle a un certain père de l'ordre *de Saint-Philippe* pour confesseur, qui lui mit dans la tête, il y a deux ans ; le projet de fonder une maison de piété pour consoler les jeunes veuves.

D'abord cette princesse obtint la permission du roi. On acheta le local ; & les maçons furent employés. Le moine tenoit la bourse de la princesse ; il faisoit des emprunts considérables comme son trésorier ; tout en prenant l'argent de toutes mains, il ne payoit personne.

Voici un trait qui prouve jusqu'où vont l'hypocrisie des moines & la crédulité des dévots. Un négociant de Turin avoit prêté vingt mille livres au directeur de la princesse. Le terme convenu étant échu, le marchand fut demander son argent ; il fut très-surpris lorsque le moine assura qu'il ne lui devoit rien. Observons que la réputation du cagot étoit si bien établie, qu'on lui avoit remis la somme sans billet. Le négociant, encore aveuglé par les préjugés italiens, ne savoit qui croire du moine ou de ses livres de compte. Il vit enfin que le confesseur royal étoit un frippon ; il ramaſſa quelques lettres qu'il avoit, & fit un placet qu'il adreſſa au roi, & qu'il remit à la chancellerie.

Le placet fut détourné par le moine, qui en impoſoit dans les bureaux comme à la cour. Autre placet ; même ſuccès. Le négociant eut recours à M. de *Graneri*, qui, ayant peu de foi aux reliques monaſtiques, s'inſtruiſit bien du fait, & en parla au roi. D'abord le miniſtre fut repouſſé ; mais il inſiſta ; le moine eut ordre de payer. Cette anecdote ne le fit pourtant point chaſſer de la cour. Le tartuffe s'excuſa ſur les *ſaintes* pâques qui ſe trouvoient à cette époque ; il dit que les affaires de conſcience lui faiſoient oublier les choſes mondaines, & garda le ſoin du tréſor de la princeſſe. Il eſt probable que ce frippon eſt maintenant dévoilé, & que Turin ſe connoîtra mieux en *ſaints* qu'autrefois.

Il eſt toujours ſi délicat de parler du ſexe, que je finis ce portrait. Des méchans s'attendoient peut-être à trouver d'autres anecdotes dans la vie privée des princes & princeſſes ; mais ceux qui connoiſſent Turin ſavent que la cour n'a jamais donné des exemples ſcandaleux.

Je ne hais point les princes parce qu'ils ſont princes ; je ne les hais que lorſqu'ils ſont méchans.

FIN.

TABLE RAISONNÉE DES CHAPITRES ET DES PARAGRAPHES.

PREMIÈRE PARTIE.

SECONDE PARTIE.

O

Fin de la Table.

www.ingramcontent.com/pod-product-compliance
Ingram Content Group UK Ltd.
Pitfield, Milton Keynes, MK11 3LW, UK
UKHW012029240726
13965UKWH00002B/654

9 782012 994010